Vincent Klink

Sitting Küchenbull
Gepfefferte Erinnerungen
eines Kochs

Rowohlt

1. Auflage Dezember 2009
Copyright © 2009 by Rowohlt Verlag GmbH,
Reinbek bei Hamburg
Satz DTL Haarlemmer PostScript (InDesign)
bei Pinkuin Satz und Datentechnik, Berlin
Druck und Bindung CPI – Clausen & Bosse, Leck
Printed in Germany
ISBN 978 3 498 03546 4

Sitting Küchenbull

I'm gonna sing: hey Zwiebelring,
auch du, my little chicken wing,
swing her zu mir, zu Mutter.
I wanna shout out Sauerkraut,
yeah, shout it loud and shout it proud:
Ich spare nicht mit Butter.

Cry me a river Spiegelei
auf einem Berg Kartoffelbrei
I do it mit Spinat.
Yes, I will croon the Freilandhuhn,
vom white wine ist es schon ganz duhn
und innendrin sehr zart.

Mein Lieblingsduft heißt Rotweinhauch
I'll never need no Waschbrettbauch,
ich stemme keine Hantel.
Ich steh am Eigenherd und brat',
I'm gonna fart the Zwiebeltarte
im coolen Schinkenmantel.

Hoch in der Gunst steht Bratendunst.
Was ist die wichtigere Kunst,
das Kochen oder's Singen?
Dies ist mein erstes Menschenright:
I'm gonna fight for Essenszeit! – – –
Man mag den Nachtisch bringen.

Wiglaf Droste

Vorspiel

Neunzehnhundertneunundvierzig, in der Tat ein Spitzenjahrgang, und meine Geburt war auch ein Donnerschlag. Kaum war Mama auf den Beinen, wurden alle Freunde eingeladen, und eine Bowle sollte den neuen Erdenbürger angemessen feiern. Wein wurde mit Sprudel vermischt, und Zitronenscheiben dazugeworfen. Die erste Weinbuddel war okay, die anderen beiden Flaschen sahen genauso aus, aber sie enthielten Birnenschnaps. Wie mir berichtet wurde, geriet die Feier sehr temperamentvoll. Die Insassen des Narrenschiffs waren alle dermaßen blau, dass man das Baby vergaß. Ich lag mit vollen Windeln einsam in meinem Kinderzimmer und erbrütete mir den ersten Psychoschaden.

Landluft

Es roch nach Kuhstall. Überall lag der Geruch der Tiere in der Luft, eigentlich begleitete er meine ganze Jugend. Papa, von Beruf Tierarzt, roch auch so. Er war ein Riese und stolz darauf, wie ein Römer auszusehen: große Nase, festes Kinn, langer schmaler Riesenschädel. Und immer trug er kurze weiße Hemden. Nicht damit man seine Muskeln bewundern konnte, nein, seine Oberarme mussten frei sein, denn so richtig zu Hause waren sie tief im Unterleib der Kühe, denen er an den Eierstöcken herumspielte. «Künstliche Besamung ist prima, aber die Kuh muss trotzdem Lust verspüren!» Deshalb lehnte er Gummihandschuhe ab: «Mit dene Dinger han i koi Gfühl!» Seine Geburtenzahlen waren beim Oberveterinäramt legendär.

Papa war nicht rund und weich, sondern dick und fest. Für den abgemagerten Sohn geradezu ein Gigant. Immer wieder dachte ich, vor ihm hätte sogar Obelix Angst gekriegt. Wer schafft es schon, an einem neuen Mercedes Diesel den Schaltknüppel abzureißen? Ein andermal fehlte inmitten eines hektischen Verkehrsmanövers unversehens ein Stück des Lenkrads. Seine schwäbischen Bauern mochten das Ungestüme und auch seine direkte und praktische Art. So war der Tierarzt sogar bei den Bäuerinnen Hahn im Korb, denn nach den Schweinen und Kühen verarztete er sie gleich mit, half mit Salben gegen aufgerissene Hände und hatte selbst gegen schlimmere Malaisen immer ein Mittelchen parat.

Seine Schule des Lebens war der Krieg gewesen, betonte er immer wieder. Wenn er vom Krieg und seinen Bravourstückchen erzählte, konnte ich gar nicht begreifen, wie man den hatte verlieren können. «Da war sicher Beschiss im Spiel», dachte ich, besonders nach der Lektüre der Landser-Heftchen, die ich damals sehr liebte. Von heute aus gesehen schilderten sie bestenfalls romanhaften Soldatenscheiß, wenn nicht gar Lug und Trug. Manchmal erging ich mich lauthals über die von mir verehrten Panzerfahrer und sonstige Recken, und Papa hatte dem nichts zu entgegnen. Ich ahnte bereits, dass er sich nichts mehr wünschte, als dass ich mich auch einmal zu so einem hünenhaften Helden auswachsen würde.

Es war noch früh am Morgen. Ich war sieben Jahre alt, hatte Ferien und befand mich wie so häufig mit Papa auf Tournee. Er liebte es, einen Beifahrer an seiner Seite zu haben. Für mich war die Fahrt auf die Bauernhöfe immer ein kleines Abenteuer. Schon an der Hofauffahrt wurde das Starktonhorn, das ursprünglich von einem Sattelschlepper stammte, nachhaltig betätigt. Es machte infernalischen Lärm und sollte die Bauern vom Feld oder aus entlegenen Winkeln des Gehöfts herbeizitieren. Sofort war die Bäuerin zur Stelle. Der Veterinär schrie nach Seife – Wasser – Handtuch, und die Frau flitzte los, denn die künstliche Besamung war eine schnelle Verrichtung.

Aus einem Tiefkühlbehälter zog Papa ein Samenröhrchen und befestigte es am Ende eines langen Metallstabs. Dieses nahm er schützend in seine Faust und cremte sie, wie auch den ganzen rechten Arm, mit Vaseline ein. Dann versenkte er sie langsam, fast zärtlich mitsamt dem Stab ins Hinterteil der Kuh. Oft sagte er: «Weischt, eigentlich wird die Kuh um etwas Schönes betrogen, deshalb versuch ich, dem Tier so viel Spaß wie möglich zu geben, denn eindeutig, sie nimmt dann viel besser auf.»

Papa steckte bis zur Achsel in dem Vieh, der Metallstab reichte ihm fast bis an die Schulter. Er drehte den Arm, als wolle er tief im Inneren eine Schraube eindrehen. Diese Bewegung diente dazu, durch den Muttermund in die Gebärmutter zu gelangen. War das Ende des Stabs mit der Samenpatrone dort richtig platziert, zog er den Arm heraus, ließ den Stab jedoch drin. Nun drückte er fest auf dessen herausragendes Ende, wodurch in der Kuh die Samenpatrone aufplatzte – eine künstliche Ejakulation. Der Stab wurde nach dieser Verrichtung schnell aus dem Hinterteil der Kuh gezogen, und die Waschungen des Tierarztes begannen.

Dann kam der gemütliche Teil. Die Bäuerin ging voraus zur Küche und Vater mit wehendem weißem Arztkittel zügig hinterher. Die Nähe einer Küche beschleunigte stets seinen Puls. Im Haus angelangt, ließ er sich auf einen Stuhl krachen, und ich nahm mir ebenfalls einen. Die Lehne wurde von einem geschnitzten Steg zusammengehalten, auf dem als abgeschabtes Relief eine Sonne zu erkennen war. Alles wirkte etwas verschrammt, auch der ganze mit Ölfarbe gestrichene Raum, den in Augenhöhe ein Band dunkelgrüner Ziermalerei säumte. Hier war schon lange nicht mehr gestrichen worden, dafür aber exzessiv geschrubbt, sodass es weder an der Ecke zum Flur noch an Stuhl und Tisch mehr scharfe Kanten gab.

Papa war der Mittelpunkt des Geschehens. Sein beträchtlicher Ranzen stand vor wie ein Bergrücken, er hätte darauf bequem das Glas Most abstellen können, das die Bäuerin ihm reichte. «Net irgendein Moscht», erklärte sie. Papa hielt das ehemalige Senfglas gegen das Licht. Es war randvoll, kleine Bläschen stiegen auf. «Bieramoscht, der isch no ganz frisch ond bizzelt no!» Sie schrie fast, aber das war ich schon gewohnt. Die Bauern schrien andauernd. Es mochte davon kommen, dass sie zwar meist alles andere als reich waren, aber ein freies Leben ohne Nachbarn führten. Auf den Gehöften musste man sich oft um Ecken herum unterhalten, gegen das Kuhgebrüll ankämpfen oder auf weiten Wiesen und Feldern die Verbindung zueinander aufrechterhalten.

Viel zu hektisch setzte sich Papa das Glas an den Mund, und ein Schwall Most schwappte auf den Tisch. Mit dem Ärmel des Kittels wischte er die Lache auf und polierte, gedankenverloren hin und her rubbelnd, die Eichenplatte. Dann nippte er an der klaren Flüssigkeit, denn bei Birnenmost ist Vorsicht geboten, man kann sich Verätzungen zuziehen. Papa zog keine Grimasse wie so oft, war unversehens wieder voll da, und spreizte den Ellenbogen ab, als wolle er das Behältnis mit einem Militärgruß beehren. So war es aber nicht, er brachte sich lediglich in eine günstige Einschüttposition und sog den Most in sich hinein wie ein Verdurstender. Das leere Glas stellte er mit Wucht auf den Tisch zurück.

Die Bäuerin kannte den Veterinär allzu gut und schenkte mit dem Krug schon wieder hurtig nach. Mich hatte sie jetzt offensichtlich auch bemerkt, auf dem Weg zum Spülstein renkte sie den Kopf und rief über die Schulter: «Du magsch sicher einen Quittensaft.» Sie ging hinaus in den Flur und kam mit einer Weinflasche zurück, die mit einer roten Gummikappe verschlossen war. Sie zerrte daran, ohne den Verschluss abzukriegen. «Gib her», knurrte der Arzt. Er riss und zog, sein Gesicht lief rot an, und unter seinem starken Schnaufen zerbröselte die Gummikappe. «Sag mal,» ächzte er die Überreste an, «sag mal, isch ja ein steinaltes Cuvee, hat die Quitten noch der Hauptmann von Kapharnaum geerntet?»

Die Bäuerin guckte zu ihm herüber und dachte sicher: «Von was schwätzt der eigentlich?» Sie gab etwas Saft in ein weiteres Senfglas, drehte den Wasserhahn auf und verdünnte mit Wasser. Mir schmeckte das Gemisch, wenn auch nicht so gut wie Sinalco, diese neu erfundene Orangenlimonade, die bei Ausflügen manchmal spendiert wurde. Vielleicht war die Limo aber nur deshalb so toll, weil ich sie mit meinem älteren Bruder teilen musste. Werner war stärker und nahm sich immer mehr, als ihm zustand. Egal, jetzt war ich solo, und Quittensaft gab's genügend. Die Bäuerin wagte nicht, sich zu dem Most trinkenden Koloss zu setzen. Sie schaute ihn an wie ein Blindenhund das Herrchen, während der mit seiner großen Nase tief im Glas steckte. Seine roten Backen hatten zu glühen begonnen, und sein Grübchen am Kinn teilte das Gesicht bedeutungsvoll.

Nun saßen wir entspannt auf unseren Stühlen. Der künstliche Besamer schob seinen Hut «auf Durst», wie er das nannte, also in den Nacken, und streckte der Bäuerin wieder sein Glas hin. Papa trug einen komischen Trachtenhut, den er nicht zu Unrecht Speckdeckel nannte. Auf Tournee zu den Bauern nahm er ihn nie ab, denn von den feuchten Balkendecken der Kuh- und Schweineställe segelte so allerhand herab.

Die Bäuerin war viel jünger als mein Vater und hatte ein langes Gesicht. Ihre Haare waren hochgesteckt, Strähnen ragten aus diesem Gewölle, als wolle es gerade explodieren. Auf mich wirkte sie so richtig energiegeladen: «Mit der möchte ich auch keinen Streit haben», dachte ich. Inzwischen hatte sie Blut- und Leberwürste auf ein Holzbrett gelegt, schenkte das Glas wieder voll und nahm einen riesigen Brotlaib in den Arm. Mit der linken Hand klemmte sie ihn unter den beträchtlichen Busen, mit der rechten säbelte sie in hohem Bogen hindurch. Oh. Es sah aus, als wolle sie sich ins Herz stechen. Die Brotscheibe war an der Rinde ungefähr einen Zentimeter dick, am anderen Ende lief sie flach aus. Mit einem Klack fiel sie auf den Tisch. Das Messer ruckte wieder in die Nähe des Herzens, und die gefährliche Übung wurde mit beiläufiger Behändigkeit wiederholt. Dann beugte sich die Frau über das Waschbecken und klopfte sich die Krümel von der gepunkteten Kittelschürze. Diese war sicher schon tausendmal gewaschen und oft geflickt worden, aber sauber und vom mehligen Blau eines fahlen Morgenhimmels.

Die Wurst roch verführerisch nach Majoran und ein klein wenig nach Verwesung, ein Hautgout, den man von Kutteln kennt oder dem Innenleben einer Sau. Dazu kamen das Aroma des Stalls von nebenan und eine gewisse Würze von Scheuerpulver. Die Bäuerin selbst wirkte wie mit frischer Luft abgerieben und so hell geschrubbt wie die Eichenbretter des Küchentischs. Vater schaute sich eine Blutwurstscheibe genau an. «Die Fettbröcklein habt ihr präzis geschnitten. Gut gewürzt, Kompliment. Am Piment habt ihr nicht gespart.» Die Bäuerin hantierte in der Küche, stellte einen großen Topf mit Wasser aufs Feuer. «Ja, die Gewürze, die mahlen wir in einer alten Kaffeemühle.» Sie deutete in Richtung eines Küchenregals. So eine Mühle hatten wir auch, «Zassenhaus» stand darauf, das weiß ich heute noch.

Der Vater wurde unruhig: «Fertig mit Vesper, Bub, wir müssen weiter.» Die Bäuerin hatte gerade einen großen Brocken Rindfleisch in der Hand, den sie im fast kochenden Wasser versenkte. «Siedfleisch will der Mann, wenn er vom Feld zurück isch!», und ohne Atem zu holen, schaute sie meinen

Vater an: «Wie viel?» – «Gibsch mir einen Zehner und vier Würste.»

Während der Nachhausefahrt auf Schwäbisch Gmünd zu, wo wir als alteingesessene Familie sozusagen zu den Upper-Class-Aborigines gehörten, predigte Papa, wie er das von Opa gelernt hatte. Der war nämlich Lehrer. Von früh bis spät hatte ich meinen Altvordern geduldig zuzuhören, was mir schwer auf die Nerven ging. Die Stentorstimme von Papa Alfred drang sogar in meinen abgeschalteten Kopf und sickerte ins Unterbewusstsein. Deshalb kann ich immer noch genau nacherzählen, was ich des Tierarztes Siedfleisch-Vorlesung nennen möchte.

«Wenn es um gekochtes Fleisch geht, muss man sich zweierlei merken: Will man gute Brühe oder gutes Fleisch? Kocht man nur Knochen aus, dann möglichst die Brustkernknochen vom Rind, diese enthalten am meisten Geschmack, oft mehr als das Fleisch. Werden also die Knochen ausgekocht, werfen wir sie in kaltes Wasser, und mit dem Erwärmen der Flüssigkeit werden alle Inhaltsstoffe aus den Gebeinen gesogen. Beim Siedfleisch will man genau das nicht, dort soll die Kraft im Fleisch bleiben. Deshalb das Wasser zum Sieden bringen und erst dann das Fleischs dazu. Die Hitze des Wassers lässt das Eiweiß des äußeren Fleischs sofort gerinnen, und das dämmt das Austreten von Fleischsaft ein. Die Hitze dringt immer weiter vor, und alle Säfte des Fleischs, die ja großteils aus Eiweiß bestehen, verdichten sich, gerinnen und halten so den Fleischbrocken saftig. Wir geben nur wenig Salz ins Kochwasser, denn die Garzeit beträgt sicherlich an die zwei Stunden. Wasser verdunstet dabei, und es wird sowieso alles salziger. Nicht alles Eiweiß bleibt im Fleisch, es tritt auch aus und steigt als Schaum auf. Wenn davon nichts untersprudelt, wir also die Brühe nur sanft am Köcheln halten, uns die Flüssigkeit entgegenlächelt, dann können wir den Schaum mit einem Löffel abheben, und die Brühe bleibt klar. Unter einer Stunde läuft bei Siedfleisch eh nichts!

He! Hörst du mir überhaupt zu? Verdammt, da quassle ich mir die Seele aus dem Leib, und der Spitz schläft ein. Vinzle, soll ich dir was sage? Du kannsch's dir raussuche: Dumm auf d' Welt komme, nix dazug'lernt und d' Hälfte vergessa! So läuft's bei dir!»

Ich verharrte still, denn diese Beurteilung meiner Geisteskräfte hatte ich schon tausendmal gehört. Die Lamentos des Alten verursachten bei mir keinen Minderwertigkeitskomplex mehr. Ich wusste, Papa war ein fleischgewordener Vulkanausbruch, er entlud sich mit Wucht, und wenig später war er wieder ausgeglichen, und nichts erinnerte mehr daran. Die langsam verglühende und ewig warme Lava des Nachtragens und der Aufrechnung, die gab es bei ihm nicht. Wenn er mir eine reinhaute, konnte es sein, dass er nach fünf Minuten zornrot fragte, warum ich beleidigt sei. Sagte ich dann: «Ehhh, ich kriege eine Backpfeife und jede Menge Geschrei an den Schädel und soll auch noch applaudieren?», grunzte er nur: «Verdammt Büble, man wird ja noch gutgemeinte Hinweise geben dürfen.»

Zu Siedfleisch wusste er einiges zu berichten: «Die Österreicher, die haben's richtig drauf. Die hält man gemeinhin für blöd, aber bei allen diffamierten Volksstämmen, den Ostfriesen, Sachsen, den dummen Hessen und bei den oft gehänselten Schwaben ist es gleich: allesamt topfit. Die Hochdeutschsprechenden sind nur neidisch. Egal wie, die Österreicher sind genial, na ja, nicht alle, Deppen gibt's überall, aber was das Essen angeht, da sind sie konkurrenzlos. Die haben sicher dreißig bis vierzig Varianten von Siedfleisch. Weißt Bub, die sind faul, und nur wer faul ist, lässt sich etwas Fortschrittliches einfallen. Siedfeisch verspritzt die Küche nicht, keine Fettdünste, es dümpelt ohne Lärm und Aufsicht vor sich hin, gibt gutes Fleisch und prima Brühe. Kalt kann man es essen, wie Aufschnitt, warm oder halbwarm, sogar als Vorspeise oder als Fleischsalat.»

Ich dachte mir, dann sei Mama also auch faul, denn Siedfleisch gab es mindestens einmal in der Woche. Es war immer am Samstagmittag an der Reihe, denn der Sonntag war ohne Flädlesuppe oder Markklößchensuppe kaum denkbar. Überhaupt, kamen die kürzeren und kälteren Nächte, wurden die Tage mit immer mehr Suppe befeuert: Grünkernsuppe, Brennsuppe, die nur mit braungeröstetem Schweineschmalz gemacht wurde, oder Riebelessuppe, das waren kleine Fitzel aus Nudelteig, in Bouillon gekocht. Für alles brauchte man Fleischbrühe als Grundlage. Ohne gekochtes Fleisch kam man nicht durch die Woche und schon gar nicht durch das Jahr.

Vom Segen der Vertriebenen

Anfang der fünfziger Jahre beschränkte sich unser Wissen über exotisches Essen auf die Erzählungen meines Vaters, der weit gereist war. Er hatte kein Reisebüro beanspruchen müssen, um Abenteuer zu erleben. Sein größtes Erlebnis war die Zeit der Feldzüge im Namen des Führers. Er war in Finnland, später in Norwegen bei einer österreichischen Gebirgsjägereinheit stationiert gewesen. Der gelang es, selbst im totalen Krieg bis auf einige Partisanen keine Feinde zu finden. Dafür war die Truppe sensationell verfressen. Die Österreicher waren mitten im totalen Krieg eine Insel des Pazifismus.

Papa als Militärveterinär unterstanden einige tausend Pferde, obwohl er sein Studium noch gar nicht beendet hatte. Die vielen Panzer, mit denen damals in den Wochenschauen geprotzt wurde, schufen ein ziemlich falsches Bild. Im Grunde war man gegen Russland nicht viel besser ausgerüstet als einst Napoleon: Pferde, Mulis und Esel zogen die Kanonen. Papas Kompanie musste die Tiere aufpäppeln, um sie in Richtung Leningrad wieder in den Einsatz zu schicken. Die dicksten Viecher aber, die Österreicher sind ja nicht blöd, wurden der Feldküche überstellt und einer edleren Bestimmung zugeführt (es gibt nichts Besseres als fettes Eselsfleisch). Die Aufsicht über die Köche oblag ebenfalls Papa. Er war damals schon ein fanatischer Hobbykoch und blieb es sein Leben lang. Seine Geschichten waren eine endlose Perlenkette traumhafter

Schlemmereien: Pferdefilet in Hennessy-Cognac-Soße, Eselsgulasch, Fohlenkotelett und Würste in der Art von Salami wurden fabriziert.

In Norwegen lagen riesige Nachschublager, mit denen man später über das Nordkap die Wehrmacht versorgen wollte, um Russland vom Polarkreis aus fertigzumachen. Das sollte alles gründlich schiefgehen, was den österreichischen Militärs damals schon klar war. Im Lager meines Vaters gab es so viel belgischen Schinken in Dosen, dass man damit hätte Barrikaden bauen können, französischen Cognac, ja selbst Champagner in rauen Mengen. Während des Rückzugs, der Krieg war so gut wie beendet, bestand ein Lagerverwalter auf der Dienstvorschrift und weigerte sich, Speck oder Schinken rauszurücken. «Den Deppen haben wir kurzerhand erschossen!», sagte Vater lapidar. Später erfuhr ich zu meiner Erleichterung, dass nicht er der Täter gewesen war. Im Übrigen erinnerten seine Erzählungen schwer an diejenigen des Barons Münchhausen. Bruder Werner und ich waren natürlich fasziniert.

Von solchen Exzessen abgesehen, waren die Kriegsjahre eine Zeit des Mangels und prägten die Generation meines Vaters fürs Leben. Deshalb wurde bei uns zu Hause die erste Wochenhälfte lang der Sonntagsschmaus immer wieder aufgewärmt. Wenn alles zum wiederholten Male rezykliert worden war, schlug die Stunde von Papas berühmtem Krautsbraten: Hackfleisch, oft aus Mikroskopierproben vom Schlachthof oder aus altem Braten zusammenkomponiert, wurde mit Gemüseresten zwangsvereinigt – das Gericht erübrigte eine Biotonne.

Alle Altlasten bekamen eine kräftige Ladung Pfeffer, Paprika und oft Majoran verabreicht. Es musste halt so viel Gewürz dran, dass niemand das Alter der Bestandteile schmeckte.

Sauerkraut war neben den Gewürzen am besten geeignet, um das hartnäckige Müffeln zu vertreiben. Krautsbraten hätte ein Schmakofatz sein können, hätte man darauf verzichtet, das Gemenge auch noch mit dem übriggebliebenen Sonntagskäsekuchen, vertrockneten Wurstzipfeln und womöglich Käserinden zu erniedrigen. Vater schmunzelte selbst darüber und warb manchmal lauthals für seine «gesammten Werke».

Klein-Vincent war nicht besonders verschleckt, das konnte man sich damals gar nicht leisten. Doch wenn es ums Essen ging, lebte er schon immer nach der Devise: «So gut wie möglich!» Dazu musste man sich erst einmal Überblick verschaffen. Nach der Schule erkundigte er sich also, was es bei Muttern zu essen gab. Dabei ließ er es aber nicht bewenden: Auch die Nachbarn wurden ausspioniert. In meinem Elternhaus wohnten sogenannte Flüchtlinge, die aus Schlesien vertrieben worden waren. Hatte vor dem Krieg pro Stockwerk eine Familie residiert, hausten dort nun zwei und manchmal drei Mietparteien. Alle vertrugen sich, und unterm gemeinsamen Dach herrschte eine lebendige, lustige Stimmung. Neue Gerüche zogen durch die Flure. Papa sagte immer: «Wären die nicht gekommen, wir schwäbischen Inzüchtler wären vollends verblödet.» Er mochte die Flüchtlinge, denn sie hatten gute Rezepte im Gepäck, waren pfiffig, und vor allem brachten sie uns den Knoblauch, der im Schwäbischen bis dahin verpönt gewesen war.

Frau Dressler im dritten Stock befand sich oft in Hochform. Die schon ziemlich alte Frau, aschgrau gekleidet und die hängenden Backen immer von einem Kopftuch zusammengehalten, stammte, glaube ich, aus der Breslauer Gegend. Sie kochte eine hinreißende Pilzsuppe, und zwar das ganze Jahr über, denn sie konservierte ihre Beute aus dem Wald in

Marmeladengläsern. Dazu drückte sie rohe, gehackte Pilze Schicht um Schicht, immer mit viel Salz und etwas gehackter Petersilie, fest in die Gläser und verschloss sie dicht mit einem Deckel. Suppe wurde daraus, indem sie heißes Wasser auf den Herd stellte, etwas Salzpilze beigab – und fertig. Im Schwabenland hatten Pilze bei fast allen Familien als giftig gegolten.

So kam durch die Kriegsfolgen wirklich neues Küchendenken zu uns, wie später die Reisewelle die Eintönigkeit der deutschen Hausmannskost gewaltig aufmischte. Die regional geprägten Küchen der Vertriebenen hatten eine gewisse Exotik und brachten die ersten Importrezepte nach Westdeutschland. Beispielsweise «Schlesisches Himmelreich»: geräucherter Schweinebauch mit Backobst, außerdem war noch Zitronenschale drin. Es duftete nach Zimt und wurde wegen des Schweinebauchs nur im Winter gekocht. Dazu gab es Kließla, also schlesische Kartoffelklöße. Apfelstreuselkuchen lernte meine Mutter von einer Frau Wontka im dritten Stock, die auch von irgendwoher jenseits des Eisernen Vorhangs stammte.

Im Gegensatz zur fast großbürgerlichen Familie des Stadtoberveterinärs hatten unsere Mitbewohner so gut wie keine Habe. Trotzdem waren sie nicht arm, und den Lohn ihrer täglichen Arbeit steckten sie hauptsächlich in gutes Essen. Ihre Küche war für damalige Verhältnisse zwar nicht üppig, aber ideenreich. Die meisten Schwaben mochten davon freilich nicht profitieren. Bis heute gilt die Melodie: «Was der Schwabe nicht kennt, das frisst er nicht!» Die aus dem Osten Zugewanderten waren zuerst einmal Fremde, Eindringlinge, alles in allem suspekt, wenn sie nicht gar neidvoll beäugt wurden, weil sie staatliche Unterstützung bekamen.

Mit Scham erinnere ich mich an meinen Freund Karle. Er

wohnte mit seinen Eltern im Haus gegenüber. Dort hatte ich die Wonnen von Gulasch (Suppe) und Perkölt (was wir üblicherweise Gulasch nennen) erschmeckt. Die Eltern waren nämlich Banater Schwaben, stammten aus der Gegend von Szegedin. Hmm, Szegedin! Karles Mama kochte das mit Sauerkraut vermengte Gulasch, für mich heute noch die schönste Verheiratung von Gemüse und Fleischeskraft.

Auf dem Schulhof wurde Karle von jungen Schwabenbengeln gefragt, ob er Kümmel möge. In kulinarischen Dingen waren die Flüchtlinge den Nachkriegsschwaben wie gesagt haushoch überlegen. Und so antwortete Karle unbekümmert, Kümmel sei sein Lieblingsgewürz. Sofort fielen saudumme Bemerkungen wie: «Bist du jetzt Ungarnflüchtling oder ein Kümmeltürke?» Ich war zu feige, um ihm beizustehen. Dabei war Kümmel in unserem eigenen Haushalt ein ständiger Begleiter zu Kohlgemüse, Schweinebraten und erst recht zum Backsteinkäse, wie man bei uns den Romadurkäse nennt.

Hausschlachtung

Nach meinem Bruder und mir brachte meine Mutter noch vier Mädchen auf die Welt, weshalb sie bestrebt war, uns beide zu ihren Schwiegereltern abzuschieben, die in der Nähe wohnten. Mein Opa stand mit den alten Griechen und Römern auf vertrautem Fuße: Er war Altphilologe und ein großer Denker vor dem Herrn. Generationen von Pennälern hatte der alte Vinz, wie er von seinen Schülern genannt wurde, in Schrecken versetzt, und er tat als Pauker weiterhin Dienst, indem er gebetsmühlenhaft auf den Enkel und dessen außergewöhnliche Dummheit schimpfte: «Fauler Spitz» oder «Grandackel» lauteten im Haus des Schulmeisters meine Vornamen. Im Krieg hatte er einen Stammtisch regiert, an dem nur lateinisch geredet wurde. So konnten die Feindsender diskutiert werden, ohne dass das gemeine Denunziantenvolk, ja nicht einmal der ebenfalls im «Adler» in Straßdorf sitzende Gauleiter ahnte, was die vermeintlichen Trottel am Stammtisch alles so verzapften.

Darüber hinaus war Opa ein echter Schwabe, obrigkeitsunwillig und sparsam. Die heutigen Ernährungslehren nahm er vorweg. Ihm schmeckte zwar alles, wenn dabei die Natur nicht verhunzt wurde. Doch als Anhänger der griechischen Philosophie war ihm Maßhalten ein zentrales Anliegen. Wichtiger als das Genießen waren ihm daher die Übersicht und die

Fähigkeit, im richtigen Moment aufzuhören. Man könnte ihn einen feinschmeckerischen Asketen nennen. Vor dem Ersten Weltkrieg war er Hauslehrer in Montpellier gewesen; deshalb hatte er zeit seines Lebens immer Châteauneuf du Pape im Keller und Roquefort im Kühlschrank. Den scharfen Schimmelkäse gab er sich in mikroskopischer Dosis aufs Brot, und am Abend trank er dann, ebenso in homöopathischer Manier, ein Achtele Rhônewein dazu. Meinem Papa gegenüber war er, wenn's ums Essen ging, wesentlich spendabler – mit Worten: «Verfressener Unsohn, es ist nicht mehr weit bis zum Antichrist, Fressen, Saufen und Dummheiten, das alles passt gut zusammen!» Der Sohn wurde vom herrischen Senior selbst dann noch saftig zusammengeschissen, als ich bereits bei der Bundeswehr diente.

Damals in den fünfziger Jahren brach ein Nitritsalzskandal über die Republik herein und machte Betrügereien im Metzgerhandwerk offenbar. Doch Opa wäre nie auf die Idee gekommen, von solchen «Profitle» eine Wurst zu kaufen. Seit er einem eigenen Haushalt vorstand, wurde jedes Jahr eine Sau geschlachtet.

Am Schlachttag herrschte allergrößte Konfusion. Früh morgens um fünf ging's los. Der Hausmetzger, der Tone (gesprochen «dr Done»), was so viel wie Anton bedeutet, war wie immer schlechter Laune. Die buschigen Augenbrauen gereflt und schwarz wie der Auspuff des Diesels, entstieg er seinem ockerdreckfarbenen Mercedes. Er war ein alter Mann, klein und gedrungen; die Kraft, die in ihm steckte, sah man ihm nicht an. Seinen Riesenschädel trug er schwer gebückt wie Atlas die Weltkugel, und wenn er sprach, richtete er sich nicht auf, sondern blinzelte skeptisch aus der Froschperspektive gegen den Rest der Welt.

Kaum hatte sich der o-beinige Tone am Treppengeländer zur Waschküche hinuntergehangelt, war der Teufel los. Als kleiner Pimpf lugte ich von oben durchs Geländer und hörte ihn auf die Weiber schimpfen: Das Feuer im Ofen glomm kaum, und das Wasser im Kessel war erst lauwarm. Ohne kochendes Wasser kann man doch keine Sau brühen! Mein Opa geriet außer sich und sah bereits das Vesper gefährdet. Tone war aber auch ein Mann mit Erfahrung und nach erleichterndem Abfluchen von ausgeglichenem Wesen, gewieft im Umgang mit schwieriger Kundschaft. Seiner Unentbehrlichkeit bewusst, fühlte er sich als Held des Tages, stand er doch sozusagen als Medizinmann und Häuptling einer Hinrichtung vor. Er war noch vom alten Handwerkerschlag, entschuldigte sich beim Tier fürs Töten und berichtete uns von allerlei Aberglauben: So habe sein Vater den Schweinen vor dem Abstechen ein Tuch um die Augen gebunden und sich bekreuzigt. Auch dürfe das Tier kein Mitleid spüren, sonst gebe es zu wenig Blut. Er selbst murmelte dem Schwein, unbeteiligt wie ein segnender Priester, noch zu, er handle um der Nahrung willen, nicht aus Hass.

Hartleibige Vegetarier bezeichnen Tierschlachten als Mord. Davon wusste man damals nichts, es gab noch nicht täglich Schnitzel dubioser Herkunft und üble Massentierhaltung. Die Tiere wuchsen unter guten Bedingungen auf, deshalb kannte man auch keine Sentimentalität gegenüber dem Schlachtvieh. Es war die Zeit ungehemmter und dankbarer Fleischeslust. Vor der Mahlzeit wurde ein Gebet gesprochen: Essen, egal was, war Kulthandlung, man wusste ums Opferlamm, die Geschenke der Natur und den Dank dafür. Ursprünglich hatten am Schlachttag die Kinder schulfrei, und der Lehrer und Pfarrer bekam das sogenannte Pfarrerstückchen, das mit dem

Druidenstück (sic!) identisch war. Dass ein Schwein unrein sei, dass Milch gerinne, wenn ein Schwein am Eimer rieche, dass es der Sitz unreiner Geister sei, stammt übrigens nicht aus deutscher Überlieferung, sondern entspringt alttestamentarischen Ursprüngen, ja, geht zurück auf den Kult um Adonis, der der Sage nach von einem Eber tödlich verletzt wurde.

Die Sau hatte man am Vortag bei einem Bauern des Vertrauens gekauft, und der hatte sie auch antransportiert. Hinterm Haus grunzte sie behaglich und vertrug sich nichts ahnend und bei frohem Gemüt mit den Hühnern. Sie war ein Prachtexemplar, eine «Habersau», mit geschrotetem Hafer gemästet, nicht mit irgendwelchen Küchenabfällen erniedrigt oder gar mit der Universalmischung aus dem Raiffeisenlagerhaus auf schnelles Gewicht gebracht.

In der Waschküche prasselte dank reichlichem Blasen, Pusten und Husten endlich das Feuer. Den großen Zuber hatte Agathe geschrubbt und vorbereitet. Agathe war die Haushälterin und seit vierzig Jahren in aufopfernden Diensten meines Opas, in die sie mit sechzehn Jahren getreten war. Eine echte Respektsperson, und in all den Jahren hatte sie vom Alten reichlich gelernt. Sie beherrschte Küchenlatein, kannte sich in der Kunst leidlich aus und war auch mit Geisteswissenschaften ordentlich imprägniert worden. Bei Tisch oder beim Sonntagstee wurde permanent über griechische Geschichte, über Giorgione, Voltaire und so weiter doziert. Oft rede ich von der Küche der Großmutter, aber eigentlich war es die Haushälterin Agathe, die mich immer wieder ins Haus der Großeltern lockte. Sie war ein Genie in der Küche, und der ganze Tagesablauf hatte irgendwie mit der Nahrungsbeschaffung und der Kocherei zu tun. Offensichtlich hatte ich als Kind schon eine Veranlagung, um dafür sensibilisiert zu sein. Agathes Küche

hat mich bis heute geprägt, man könnte sie mit dem Motto
«Vom einfachen das Beste!» überschreiben.

Nicht Oma, sondern Agathe war die eigentliche Chefin des
Hauses und die Einzige, die dem strengen Opa Paroli bieten
konnte. Auf seine mürrisch-ungeduldige Frage – die mehr ein
Kläffen war –, wann endlich geschlachtet werde, wies sie ihm
jetzt die Tür: «Wenn Se schon nicht mitschaffen, dann warten
Se gefälligst oben, bis die ersten Würst' zum Vesper fertig
sind, Herr Doktr.» Er ging mit einer Miene, als dürste er nach
einem Duell, doch er schwieg.

Das Wasser kochte. Hinter dem Haus erscholl ein Schuss –
Tone und Oma beendeten das Leben der Sau. Sie hatte das
Schafott also hinter sich, war mit dem Bolzenschussapparat
niedergestreckt und abgestochen worden. Kein schöner Tod,
falls es so etwas überhaupt gibt. Für Oma war das kein Problem und nicht im Geringsten eine Mutprobe. Sie hatte ihr
Gottvertrauen oder vielleicht auch Fatalismus bereits Ende
des Krieges unter Beweis gestellt, als sie einen Leiterwagen die
zwanzig Kilometer nach Voggenberg-Sägmühle hinter sich
herzog, um Eier und Mehl zu organisieren. Unter ständigem
Gebetsmurmeln ignorierte sie die amerikanischen Tiefflieger
und wich nicht vom Wege.

Nun rührte Oma wie irr das Blut im Eimer, um das Gerinnen zu verhindern. Metzgers-Tone hatte das Vieh auf einen plattfüßigen Schubkarren gewuchtet. Es saß drin wie
ein Dickbauchbuddha in der Rikscha. Mit der schweren Last,
die immer umzukippen drohte, stürzte Tone mehr, als dass er
wankte. Die schmalen Schnellmastschweine waren damals
völlig unbekannt. Eine Sau war annähernd doppelt so schwer
wie die EG-Schweine unserer Zeit, die aussehen, als hätten sie
im Windkanal trainiert. Schmalz musste ein Schwein liefern,

es war das wichtigste Speisefett überhaupt und wurde überall verwendet außer zu Salat.

Tone ächzte schnaufend vor sich hin; an den Rosenhecken vorbei, die den Herbstschnitt schon hinter sich hatten, hielt er im groben Kies mühsam die Spur zur anderen Seite des Hauses. Von dort war die Waschküche ebenerdig zu erreichen. Zuerst wurde gebrüht, die Sau mit kochendem Wasser übergossen. So wurde die Schwarte weich, und harte Flüche waren dabei obligat. Agathe kämpfte mit äußerstem Einsatz und murmelte Stoßgebete. Harz wurde auf die Seiten des Delinquenten gestreut, die gröbsten Borsten konnten durch das Einweichen leicht abgekratzt werden. Tone zog dazu eine Kette unter dem Leib durch, schrappte damit hin und her, um die Borsten und die oberste Hautschicht abzuschaben. Daraufhin wurde unter dauerndem Messerwetzen rasiert. Mit fast zeremoniellem Ernst betrieb man die Nassrasur, entfernte die letzten Härchen und goss dabei immer wieder frisches Wasser über die zunehmend blankere Haut. Endlich lag die Sau in Frieden da, hell und rein wie neugeboren.

Als Nächstes wurde sie an eine Leiter gehängt und von Tone vom Kopf beginnend bis zum Ringelschwänzchen ausgeweidet. Oma hatte derweil das Blut kalt gerührt. Das tote Tier dampfte an den Haken, und mit einem riesigen Schlachterbeil halbierte es der Metzger. Mit großen Augen und offenem Mund bestaunte ich die Urgewalten leidenschaftlichen Werkelns. So stellt man sich den Orkus vor: Schlachtfeldgeruch, wabernde Dämpfe aus dem Brühkessel, im Dunst schemenhaftes Huschen und blitzende Messer, die das Tier in weitere Teile zerlegten. Dazu ertönte immer das leise Scheppern weiterer Schneidewerkzeuge, die der Metzger zusätzlich an einem Gürtel über seinem Gummischurz in einer Art Revolverhalfter trug. Oma schnitt Zwiebeln, Opa, halb Despot, halb Deserteur, rauchte ein Stockwerk höher Zigarre. In der Wurstküche herrschte Schweigen, denn der Aberglaube wusste von zerredeten Würsten, die ein fade ausgekochtes Ende nahmen.

Der Kupferkessel war wieder mit frischem Wasser gefüllt. Mit Zwiebeln und Lorbeer versehen, wallten die ersten Fleischstücke und taumelten zwischen, Nelken und Pfefferkörnern, um in ruhigerem Wellengang am Rande des Kessels dem zarten Durchgaren entgegenzudümpeln. Nicht die edlen Fleischstücke, sondern alles, was schräg und schief war, flog in den dampfenden Schlund. Es war Ende Oktober und bereits reichlich kalt, sodass zur Waschküchentüre Wolken hinausstoben, als stünde das Haus in Flammen. Vor Oktober wurde nie geschlachtet, da man über keine Kühleinrichtungen verfügte und sich der Mücken nicht hätte erwehren können. Mein Großvater hatte mir unter fürchterlichsten Drohungen eingeschärft, den Nachbarn ja nichts von unseren Schlachtabsichten zu verraten. Jedoch der Dampf unserer Griebenwurstgefechte machte seine Bemühungen zunichte. Tatsächlich gibt es auf der schwäbischen Alb den Aberglauben, ungebetener Besuch lasse die Würste platzen.

Noch waren wir nicht so weit, denn im Kessel kochten erst der Schweinskopf und die Leber, während Agathe den bereits gegarten Rückenspeck in feine, akkurate Würfelchen schnitt. Die wurden mit gedämpften Zwiebeln und dem Blut vermischt und mit Nelke, Piment, Kardamom, Salz und Pfeffer gewürzt. Als die Leber halbgar gekocht war, wurde sie mit gedämpften Zwiebeln durch den Wolf getrieben, fettige, weichgesottene Fleischstückchen aus dem Kessel kamen hinzu, alles wurde vermengt und in Därme gefüllt. Wahrlich kein Heldentod, in die eigenen Därme gestopft zu werden. Tone kurbelte wütend an der Wurstfüllmaschine, die ziemlich angerostet war und zunächst nicht funktionieren wollte. Schließlich kochten die Blut- und Leberwürste im Kessel, und alle hofften, dass auch einige zerplatzen würden. Geschah das nicht, zerstach man ein paar, damit die Metzelsuppe mehr Fleischeskraft annahm.

Sobald die ersten Würste fertig waren, wurden sie nach oben zum Opa gebracht, der sie probierte. Man versammelte sich dann mit Metzelsuppe und Kesselfleisch im Stüble neben der Küche, wo zwischenzeitlich das Schmalz mit Zwiebeln und Äpfeln gesotten hatte. Trotz des Fehlstarts lag man gut in der Zeit: Es war zehn Uhr, die klassische Vesperzeit. Im Grunde lief die ganze Hektik darauf hinaus, den Zeitpunkt für dieses Zeremoniell schwäbischer Gemütlichkeit nicht zu verpassen.

Zum Vesper gab es wegen der fetten Metzelsuppe Bratbirnenschnaps. Seine friedenstiftende Wirkung müsste hier eigentlich ausgiebiger besungen werden. Jedenfalls ließ sich Opa fortan mit gütigerem Gemüt öfter in der Wurst- bzw. Waschküche blicken, auch Tone beruhigte sich zusehends.

Dagegen wurde der fleischbeschauende Tierarzt als Störenfried empfunden, denn von Rechts wegen durfte mit dem Wurstmachen erst begonnen werden, wenn die Trichinenschau beendet war. Die dafür benötigten Fleischfitzelchen zockte der hochnoble, rotbackige Amtsarzt, also mein Herr Papa, schamlos als viel zu große Brocken ab. Selbst bei seinem Vater gab er sich als Amtsperson. Doch Verwandtschaft hin oder her: Unter ein, zwei Kilo hatte Papa noch nie eine Sau freigegeben. Er gebärdete sich als Medizinmann mit monströsem Selbstvertrauen und verkündete lauthals: «Wenn ihr wollt, hole ich jedem hier noch die Mandeln raus. Muss ihm nur vorher rasch den Kopf spalten.» Man nahm's nicht krumm. Schnell war der städtische Beamte in der Vesperstube verschwunden, packte das Mikroskop aus dem Holzkoffer, klemmte ein Fleischstückchen zwischen zwei Glasplatten und stierte schwer atmend und kesselfleischkauend ins Okular. Gerne hätte ich da auch hineingeschaut, aber ich traute mich nicht zu fragen. Allzu gefährliche Dinge konnten dort aber sicher nicht beobachtet werden, sonst wäre dem Dreizentnermann im weißen Arztkittel der Bissen wohl im Hals stecken geblieben. Ich dachte mir: Befand sich in dem Fleisch etwas Schädliches, wäre es sowieso zu spät gewesen. Schließlich hatten wir bereits davon gevespert.

Alle im Hause waren der Ansicht, die behördliche Kontrolle sei nur eine Schikane des Staats, eine Art Sondersteuer. Über die Hausschlachtungen musste Papa genau Buch führen und die Gebühren an die städtische Verwaltung weitergeben. Das Salär zahlte man ihm bar auf die Hand, auf dass er möglichst schnell seines Weges gehe. Doch dem war nicht so: Der Veterinär knallte triumphal seine blauen Stempel auf die Schweineschwarte, dann quartierte er sich über Stunden in der Vesperstube ein, las Zeitung und trank Schnaps.

Schließlich ging es dem Ende zu, die Schnapsflasche war fast geleert, Papa schlief am Tisch, Opa war im Studierzimmer, und in der Waschküche wurde noch emsig hantiert. Oma hatte inzwischen mit einer Art überdimensionalem Büchsenöffner die gebrauchten Dosen vom letzten Jahr neu gerändelt. So konnte man sie wieder verschließen, denn keine Sau hat dermaßen lange Därme, dass man alles in sie einfüllen könnte. Die Dosen waren fast wichtiger als die in Därme gepressten Würste. Sie waren lange haltbar, mit ihnen konnte man die Genüsse bis ins nächste Jahr konservieren.

Ich naschte andauernd und musste deshalb häufiger an die

frische Luft. Die Gier war größer als die immer drängender hochkommende Übelkeit. Mit Schnaps konnte ich mir jedoch keine Erleichterung verschaffen: Ich hatte mal einige Tröpfchen probiert, und er war mir in die Gedärme gefahren, als hätte der Blitz eingeschlagen.

Der Schlachttag war für mich extrem spannend, aber auch erniedrigend. Die ganze Zeit bekam ich zu hören, ich sei zu nichts zu gebrauchen außer den allerniedrigsten Diensten: «Lang mols Zieberle (Zuber) rom, du faulr Spitz», so oder ähnlich tönte Tone. Er hatte inzwischen einen feuerroten Schädel, als hätte man ihm mit der Fahrradpumpe ins Ohr gepustet. Mit Ach und Krach wurden schließlich die Koteletts geschnitten und mit den Brustseiten und Schinkenteilen in die Pökellake befördert. Tone wusch sein Handwerkszeug und zog sich am Geländer mühsam in die Vesperstube hoch. Die Frauen erwiesen sich am Schluss mal wieder als die Stärkeren. Sie hatten noch die Kraft, das ganze fettimprägnierte Chaos wieder blank zu putzen.

Jede Ablenkung vom Nützlichem ist des Teufels

War die Schlachterei etwas für Spezialisten und für Kinder zur Mitarbeit so geeignet wie das Kriegshandwerk, fand ich im Arbeitsgetriebe des großväterlichen Haushalts mehr Verwendung, als mir lieb war. So gutes Essen es in diesem Haus auch geben mochte, Frohsinn herrschte selten, sondern mehrheitlich die Fron. Als Lehrer der alten Sorte, wie man ihn aus Erich Kästners Kinderroman «Das fliegende Klassenzimmer» kennt, war der alte Vinz nicht nur dafür verantwortlich, das Essen für alle zu sichern, sondern auch die Regeln dafür zu überwachen, dass man es sich wirklich verdiente. Mein Bruder und ich fühlten uns oft wie die ärmsten Hunde unter der Sonne. Während die Klassenkameraden draußen spielten oder sich zum Fußball trafen, mussten wir für Opa knechten.

Zu allem Übel wollte der Studienrat im Ruhestand aus uns «vielseitig Unbegabten» auch noch unbedingt Genies machen. In den Ferien fand sein Privatunterricht, oder sagen wir besser: die Nachhilfe, vormittags um zehn Uhr statt. Wir kreuzten meistens schon zwanzig Minuten vorher auf. Nicht dass wir es nicht hätten erwarten können, bei geistigen Zündaussetzern vom Pauker mit dem Meerrohr eine Tatze zu kassieren, nein, wir wollten das Vesper nicht versäumen, das pünktlich um zehn in der Stube aufgetragen wurde.

Rettichsalat war obligat. Agathe, die, glaube ich, meinen

Opa insgeheim liebte, widmete sich mit Inbrunst der Rettichhobelei, und nie mehr habe ich seither ein solches Ritual beobachten können. Das scharfe Gemüse aus dem großen Garten wurde in einen tiefen Suppenteller gerädelt, gesalzen und leicht gepfeffert. Ein zweiter Suppenteller kam umgekehrt obendrauf. Agathe drückte die beiden Teller zusammen und schüttelte sie dann wie eine Rumbakugel. Die Rettichscheiben tönten in einem dumpfen Rhythmus, zu dem man die Finger hätte schnippen können; dazu wippte Agathes Dutt ekstatisch. Dank dieser Prozedur zog der Rettich bereits nach einer halben Minute durch. Mit hausgemachtem Essig und Schnittlauch wurde alles gut vermengt.

Das Brot durften die Frauen, Oma oder Agathe, in Scheiben schneiden, an den Speck aber ließ der Hausherr niemand ran. Überhaupt: Alles, was Fleisch war, durften die Frauen zwar zubereiten oder auf den Tisch stellen, doch wehe, es hätte jemand davon runtergeschnitten. Wurst oder Braten bedeuteten das alleinige Vorrecht des Hausherrn, und der verteilte zögernd, als sei der Absolutismus noch nicht abgeschafft worden.

Nach dem Vesper kam die Paukerei, und ich fühlte mich dabei oft so hirnentleert, als wäre mein Kopf in der Stube nebenan. Meistens wussten wir nicht, was schlimmer war: die Lernerei oder die Abwechslung durch Sklavenarbeit. Beim Ersinnen von Beschäftigungen neigte Opa regelrecht zu Exzessen, wie sie sonst untypisch für ihn waren. Wie es sich damals für einen Lehrer gehörte, war er fanatischer Bienenzüchter und zeitweilig sogar Präsident des württembergischen Imkerverbandes. Fünfzig Bienenvölker beherbergte er in zwei Häuschen, und über diese machte er sich viele Gedanken. Die Bienen sollten es gut haben, damit man ihnen möglichst viel Honig abpressen konnte. Sie wurden im Grunde um ihre Sammelarbeit betrogen, waren arme Schweine, aber wir Imkereihilfsarbeiter kamen uns noch übler ausgebeutet vor. Für die Fütterung mussten wir Zuckerwasser schleppen, beim Honigschleudern die Kurbel bedienen, auf dass sich die Waben in einer Trommel heftig um sich selbst drehten und so der Honig aus ihnen gepresst wurde; Honigzargen waren regelmäßig zu säubern, überhaupt war ständig große Not und viel zu erledigen.

Man hätte auch Agathe bei der Arbeit zur Hand gehen und vielleicht einige arbeitserleichternde Maschinen kaufen können. Doch das kam nicht in Frage. Hier herrschte noch das «Ancien Régime», und es gab keinen Grund, dies zu ändern, solange Opa «Dackel» wie uns zum Schaffen hatte. Dafür gab uns der alte Imker folgenden Rat fürs Leben mit: «Buben, denkt immer daran, wenn ihr mal groß seid: Der Zeigefinger ist der wichtigste – damit zeigst du den anderen, wo die Arbeit ist!»

Das Schlimmste, was uns passieren konnte, war, beim «Maulaffen-Feilhalten» erwischt zu werden. Standen mein Bruder und ich unschlüssig in der Gegend herum, hieß es sofort: «Ab in den Garten zum Unkrautjäten!» Den anderen Insassen der «Galeere» erging es auch nicht besser. Eines Sonntagmorgens saßen Oma und Agathe beim Frühstück mit Malzkaffee, heißer Milch und einem Kanten Brot mit Gsälz, wie man bei uns die Marmelade nennt. Sie saßen etwas länger, da ertönte der Befehl: «Geht in den Garten und grabt ihn um!» – «Aber den haben wir doch gestern schon umgegraben», piepste Oma. Ungerührt meinte Opa sotto voce: «Dann grabt ihn nochmal um!»

Der Tag verlief wie in jenen Zeiten, als sich der Studiendirektor noch im Lehrdienst abreagieren konnte. Es fehlte nur noch eine Klingel, die rasselnd die Zeit in Stunden einteilte. Punkt zwölf hatte das Mittagessen auf dem Tisch zu stehen. Der Speiseplan der Woche folgte den Regeln, die damals überall im Schwäbischen Gültigkeit hatten: Montags wurde das gegessen, was vom vergleichsweise üppigen Sonntagsmahl noch übrig war. Sehr liebte ich Zwiebelfleisch. Dazu wurde kalter Braten in dünne Scheiben geschnitten, in Butterschmalz angebraten und zur Seite gestellt. Die doppelte Menge dünner Zwiebelscheiben wanderte in die Pfanne, um sie wie das Fleisch goldbraun zu braten und anschließend mit demselben zu vermischen. In einer anderen Pfanne wurden Bratkartoffeln in Schweineschmalz geschwenkt, oder man begnügte sich mit einfachen Salzkartoffeln. Zu trinken gab es nichts.

Opa verwendete eine weiße Damastserviette, die in einem massiven Silberring steckte. Gab es Suppe, so benutzte er einen speziellen Suppenlöffel aus Sterlingsilber; alle anderen wischten sich den Mund am Oberarm ab, und als Essenwerkzeug musste Blechbesteck genügen. Opa aß schnell; wenn er fertig war, stand er abrupt auf, und die anderen hatten es ihm nachzutun. Vielleicht ist das der Grund, warum ich heute noch das Essen so hektisch reinschaufle.

Nach dem Mittagessen ging der Hausherr nach oben in sein Schlafzimmer, das die Ausmaße einer kleinen Turnhalle besaß (Oma schlief in einem Kämmerlein daneben). Er legte sich aufs Ohr, und jugendlicher Hyperaktivität zum Trotz hatten auch wir Buben Siesta zu halten. Als großer Denker musste Opa es ja wissen: «Morgens ist der Geist am frischesten. Deshalb halbiert man den Tag und verschafft sich einen zweiten Morgen», dozierte er. Selbstverständlich schlichen wir Lausbuben bald wieder durchs Haus, dessen Treppen stabil und gut gefügt waren. Dennoch war Vorsicht geboten. Totales

Silentium, der Mittag hielt den Atem an. Wir kannten alle knarzenden Parkettdielen auswendig, und bei Fehltritten blieb uns vor Schreck der Schnauf weg. Wehe, Opa wurde geweckt, oder aber: Wehe, es war drei Uhr und der Tee stand nicht auf dem Tisch.

Exakt nach einer Stunde Mittagsschlaf kam Opa, der irgendwie Gary Cooper ähnelte und nie ohne dreiteiligen Anzug mit Uhrenkette an der Weste auftrat, wieder korrekt gekleidet die Treppe herab. Kaffee gab es nur sonntags. Er galt als Luxus und war für heutige Verhältnisse sehr dünn. Die durchsichtige Brühe wurde deshalb mit «Kathreiner»-Zichorie angereichert. Das waren schwarze, talerartige Bröseltabletten, die in einer länglichen roten Papierrolle steckten. Von so einer Tablette wurde ein Teil abgebrochen und in die Kanne gesteckt. Danach war der Kaffee nicht mehr ganz so transparent.

Unter der Woche servierten die Frauen Tee. Für Oma, Agathe und den Hausherrn gab es je eine Tasse. Aus einer kleinen Porzellankanne mit silbernem Rand wurde in Chinaporzellantassen ausgeschenkt. Alles folgte einem strengen Ritual – nach der Promotion war Großvater einige Zeit Hauslehrer in London gewesen, wo ihn Dorothy, seine Zimmerwirtin, in die englischen Tea-Time-Regeln eingewiesen hatte. Er trank Tee ohne Zucker, aber grundsätzlich mit Milch und bestand darauf, zuerst die Milch in die Tasse zu tröpfeln, dann erst den Tee darüberzugießen. «Milk in first», heißt es heute noch. Diese Regel ist sinnvoll und sollte auch beim Kaffee angewendet werden: Die Gerbsäure des Tees oder Kaffees bringt die Milch oder Sahne nämlich leicht zum Gerinnen. Um solches Ausflocken zu verhindern, muss man nach Zugabe der Milch in den Tee sofort hektisch umrühren. Befindet sich die Milch aber zuerst in der Tasse, mischt sie sich beim Eingießen des Tees harmonisch. Opas Maß waren zwei Löffel Milch – einer zu viel, wie er meinte, doch um das Getränk abzukühlen und so schneller in dessen Genuss zu kommen, nahm er zwei. Dazu zerbrach er ein paar Albertle, ziemlich trockene, rechteckige Kekse, die er in kleinen Stücken zum Mund führte.

Die Teestunde dauerte nie eine volle Stunde, war aber der gemütliche Übergang von der Mittagsruhe zu erneuten Studien im Herrenzimmer des Privatgelehrten, der sich hobbymäßig Übersetzungen aus dem Lateinischen oder Hebräischen leistete. Um sich dafür in Schwung zu bringen, examinierte der pensionierte Pennälerschreck die Anwesenden. So erlernte Agathe ihr solides Küchenlatein. Oma wollte davon nichts wissen, weshalb sie für den Alten als unrettbar dumm galt und ihren Platz an der fernsten Ecke des Tisches innehatte. Wahrscheinlich hatte sie diesen selbst gewählt, um aus der Schusslinie ehelicher Dauerkritik zu kommen; in der inneren Emigration befand sie sich sowieso schon seit Jahrzehnten. Später an Opas Grab sollte sie raunen: «So, jetzt hab ich auch noch ein paar schöne Jährle.»

Uns Jungen traktierte der alte Pauker mit vorsokratischen Lebenshilfen oder sonstigen Auswürfen irgendwelcher schlauen Leute aus der Antike. Ihr Denken entlud Opa über uns mit fester Stimme, als gälte es, alles Licht jener Welt ins dunkel möblierte Wohnzimmer zu bündeln. Auf dem riesigen Gemälde an der breiteren Seite des Raums, einer vortrefflichen Kopie eines Bildes von Ribera, beschäftigte sich ein Samariter mit dem hingegossenen Leib des sterbenden Christus. Ich fühlte mich nicht viel besser, musste ich doch als werdender Mann die Riten abendländischer Teekultur durchstehen. Bis Opa den Tisch verließ und die Runde auflöste, hatte ich auf meinem Platz zu verharren. Ein Ende war dann in Sicht, wenn er seine letzten Gebäckstückchen in der nahezu leeren Teetasse einweichte. Anschließend stand er auf und ging grußlos in sein Herrenzimmer. Zu diesem hatte außer ihm niemand Zutritt. Durch die Scheibe der Schiebetür sahen wir Kinder Zigarrenqualm, der so dicht war, dass wir dachten, er müsse vom angestrengten Denken herrühren.

Für Opa war jede Ablenkung vom Nützlichem des Teufels. Er besaß ein altes Piston, man hätte es auch ein Kornett oder eine kleine Trompete nennen können. Als ich mit dem Instrument einmal meine Lippen drangsalierte, stürzte er herbei und entwand es mir: «Musik verdirbt den Charakter!» Der Mann sprach fließend Hebräisch, Lateinisch und Griechisch, alle Tassen im Schrank hatte er jedoch nicht. Die Liebe zur Musik habe ich ausschließlich von meiner Mutter, denn meinem Papa war vom Opa im Lauf der Jahrzehnte eine solche Gehirnwäsche verpasst worden, dass er viel Blödsinn des alten Vinz einfach nachplapperte, zum Beispiel eben, Musik verderbe den Charakter. Mama hingegen spielte gern Akkordeon. Gott sei Dank fuhr Papa einen Diesel, der einen solchen Saukrach machte, dass man immer wusste, wann er heimkam. So hatte Mama Zeit, ihr Instrument in Sicherheit zu bringen.

Womöglich hatte mein Papa Angst, dass Mamas Musizieren die nützliche Hausarbeit behinderte. Es gibt im Schwäbischen den alten Macho-Spruch: «Gott erhalte mir die Gesundheit und die Arbeitskraft meiner Frau!» Dieser Geist waberte auch kräftig durchs Elternhaus. Wie viele Nahezu-Genies oder hausgemachte Herrenmenschen war Papa zwar nicht faul, aber es piesackte ihn oft, zu den Bauern fahren zu müssen, den Kühen im Unterleib herumzufuhrwerken, die Eber zu kastrieren oder sonstwie zu malochen. Das alles ließ seinen

Blutdruck in die Höhe schnellen, noch mehr aber erbitterte ihn womöglich der Gedanke, die Gattin könnte sich zu Hause einen schönen Lenz machen.

Mittlerweile hatte nämlich die Befreiung der Frau eingesetzt. Eine Waschmaschine war angeschafft worden, der montägliche Waschtag, eine Riesenschufterei, gehörte der Vergangenheit an. Moderner als Mama konnte eine Frau kaum sein, weshalb die Segnungen der Zeit rasch in ihre Küche einzogen. Nescafé war der absolute Hit. Wenige Jahre zuvor hatte man noch nach echtem Bohnenkaffee gelechzt, nun galt das Instantkaffeepulver als Ausdruck von Weltläufigkeit, half, nach vorne zu blicken und den alten Nazimist zu vergessen. Filterkaffee und ähnliche Umständlichkeiten waren unversehens etwas für Hinterwäldler oder rückwärtsgewandte Deppen. Die Nahrungsmittelindustrie kam auf Touren: Einem Monument gleich stand die Maggiflasche auf dem Esstisch, Brühwürfel durften nicht fehlen. Mit den sechziger Jahren kam Sehnsucht nach Mediterranem auf, und beim Mampfen von Dosenravioli fühlte man sich schon fast wie ein schwäbischer Leonardo da Vinci.

Apropos: 1977 starb Charlie Chaplin und wurde in Vevey in der Westschweiz begraben. Kurz danach buddelten ihn Ganoven wieder aus und forderten von den Hinterbliebenen ein horrendes Lösegeld. Noch während die Erpressung im Gange war, platzte in der Schweiz der Dosenravioli-Skandal: Man hatte entdeckt, dass sie Gammelfleisch enthielten. Und schon machte der Witz die Runde, man wisse jetzt, wo Chaplins Leiche stecke: nämlich in den Dosenravioli.

Es wurde also eine Unmenge Zeug erfunden, um den Muttis die Arbeit zu erleichtern und ihnen Freizeit wie noch nie zu verschaffen. Die Segnungen entbehrten allerdings nicht einer gewissen Hinterlist: Das sogenannte deutsche Wirtschaftswunder blühte auf, und es fehlten Arbeitskräfte. Da die Industrie auch die Frauenhände brauchte, wurde der Beruf der Hausfrau möglichst abgewertet. Statt wegen der Kinder zu Hause zu bleiben, wanderten nun viele Frauen in Fabriken. Von dieser Entwicklung wirklich profitieren konnten dagegen die Frauen der Bel-Etage wie meine Mutter. Zwar blieben sie lästigerweise vom Haushaltsgeld der Ehemänner abhängig, konnten sich aber Dienstmädchen halten und daheim der Dolce Vita frönen.

Die einbeinige Gans

Zu unserem Personal gehörte zwei Jahre lang eine Wiener Köchin und Zuckerbäckerin. Der Bauch meines Vaters wuchs in kurzer Zeit beträchtlich. Frau Slonek, die stets fidele Glucke mit grausträhnigem Dutt, war immer in eine viel zu enge Kittelschürze gepackt, die ihre vertrauenerweckenden Hüften deutlich modellierte. Sie redete im Singsang der böhmischen Mehlspeisenvirtuosen. In der Küche war sie eine Souveränin und verlieh unserem Haushalt wienerische Großzügigkeit.

Im Grunde war – für damalige Verhältnisse – jeder Tag ein Fest. Übergewicht war unvermeidlich, und so nahm meine Kindheit ihren Lauf. Kaum von der Schule wieder zu Hause, wurde fortgesetzt genascht. In der Adventszeit qualmte der Ofen, um täglich Vorräte für die Weihnachtszeit zu backen: Springerle, Kokosmakronen, Lebkuchen, Rosinenbrötle und vielerlei ausgestochene Mürbteigplätzchen. Ich suchte mir die besten aus, was bei der temperamentvollen Zuckerbäckerin keineswegs Beifall hervorrief. Sie scheuchte mich mit den Armen wedelnd weg, wie man einen unangenehmen Geruch vertreibt.

Traditionell war es Aufgabe der Großeltern, eine Weihnachtsgans auszusuchen. Um den ersten Advent herum trat ich mit Opa, Oma und Agathe in aller Herrgottsfrühe die Reise ins Nördlinger Ries an. Das ist ein fruchtbarer, mit Humus gefüllter Krater, den der Einschlag eines riesigen Meteoriten verursacht hat. Eine Bauerngegend, die von der Industrialisierung und den Zeitläuften bis fast in unsere Tage vergessen wurde.

«Opa, schalten», schrie ich aus Leibeskräften. Bei «achtzig Sachen» im dritten Gang pfiff der VW-Zwölfhundert mit Arschbackenfenster wie ein Kampfhubschrauber beim Alarmstart. Der Chauffeur war ziemlich schwerhörig. Von unten prasselte der Rollsplitt, und links zog der Ipf vorbei. Wie jedes Mal wurde ich zur Landschaft examiniert. Der Ipf war immer Gegenstand engagierten Unterrichts, sodass das Auto kaum die Spur hielt. Der Berg ist bemerkenswert glatzköpfig, eben wie ein Brotkipf.

Von der Bundesstraße bereits abgebogen, zogen wir auf dem Kalkweg einen Kondensstreifen falben Staubs. Unser Ziel kam in Sicht. Der Kirchturm Zipplingens lugte zwischen längsziselierten Äckern hervor. Die Stoppelfelder glänzten golden, warteten noch auf den Pflug. Einige Gänseherden stocherten darin herum.

«Ohne Stopfen wird die Gans nur ein Hungerling.» So eindeutig sprach Therese, und sie musste es wissen, denn ihr oblag als Gänseliesel die Aufsicht über die Vögel. Hier auf dem Hof der Oettles, auch der «untere Schmied» genannt, verbrachte ich immer meine Sommerferien. Oft hatte ich Gelegenheit, das Gänsestopfen zu beobachten – allerdings aus sicherer Entfernung. Ich war ein kleiner frecher Angsthase, und Gänse fürchtete ich mehr als alles andere auf der Welt. Wer das Fauchen des erzürnten Federviehs je vernahm, bleibt ein für alle Mal in respektvoller Distanz. Gänse sind ernste Tiere, mit strengem Blick und arrogantem Selbstbewusstsein. Jeder Stolz kam ihnen jedoch abhanden, wenn Therese sie, auf einem Hocker vor dem Haus sitzend, hernahm. Den langen Rock zwischen den Knien nach hinten gedrückt, griff sie ein Tier am Hals und klemmte es zwischen die Schenkel. Sein riesiger Körper war vom Rocktuch völlig begraben, der Kopf ruhte am Busen der Bäuerin. Gänse sind verfressen, und sie umringten zankend den Ort der Speisung. Jede wollte zuerst die Schupfnudeln aus Haferschrot und Wasser in den Hals gedrückt bekommen. Sommers waren noch gehackte Brennnesseln untergemischt. Da konnte das unvergleichliche Aroma nicht ausbleiben, das meine Großeltern jedes Jahr, mit Vorfreude auf den Weihnachtsschmaus, nach Zipplingen trieb. So wurden Prioritäten vorgegeben. Eine Gans kostete so viel wie ein Paar neue Schuhe – wichtiger war die Gans.

Opa war in Unruhe, ob die Gänse auch dieses Jahr optimal gediehen waren. Ungeduldig stürzten alle nach wärmendem Malzkaffee ins Freie. In Gedanken an knusprige Bruststücke ging man in den Wind, der von Schloss Baldern herabwehte. Ein Stück des Feldwegs, und wir fanden sie: Die Gänseherde schnäbelte am Wiesenbächlein. Therese kannte jedes Tier mit Namen, und die Auswahl erfolgte nach simplem Rezept. «A Weible isch zart», hat zwar mehr Fett, ist aber dem größeren Gänserich geschmacklich voraus. Opa hatte traditionell von der roten Schleife des Adventskranzes ein Stückchen abgeschnitten, und Therese stülpte es der schönsten Gans über den Kopf. Locker rutschte die Stoffhalskrause bis zum Bauchansatz hinab und prangte wie ein Orden. Die Gans war mindestens fünf Kilo schwer und nun für uns reserviert und geadelt. Niemand wäre je auf den Gedanken gekommen, dass die Auszeichnung ein Todesurteil signalisierte.

Man saß wieder in der großen Küche, die der Brotbackofen wärmte. Most wurde in Senfgläschen ausgeschenkt, ich bekam Milch. Dazu gab es Speck und Bauernbrot. Opa kaufte einen ganzen Schinken und übergab Therese den mitgebrachten Koffer, in den einzeln in Zeitungspapier gewickelte Eier gepackt wurden. Die Eier waren in der backwütigen Weihnachtszeit besonders wichtig.

Es wurde Zeit für den Heimweg, der unbedingt noch bei Tageslicht zurückgelegt werden wollte. Kurzer, aber herzlicher Abschied, nachdem der Bäuerin das Geld in die Hand gezählt worden war. Oma musste noch irgendwelche Mitteilungen an sie loswerden, von deren Wichtigkeit mein Opa gar nicht überzeugt war. Er saß im Auto und hupte ungehalten. Wenig später holperten wir in gemächlicher Fahrt an den hohen Pappeln entlang der Hauptstraße zu. Opa hatte, wenn auch nicht viel, so aber für seine maßvollen Gewohnheiten reichlich Most intus. Er konzentrierte sich angespannt, um nicht von der Straße abzukommen. Agathe saß vorne mit gerecktem Hals sozusagen auf «Ausguck». «Langsam, Kurve, stopp, rechts ab», gab sie ihre Navigationskommandos. Ich war wie bei der Hinfahrt dafür zuständig, dass immer wieder mal geschaltet wurde und der ständig hochheulende Motor Erholung bekam. Oma neben mir sinnierte schicksalsergeben wie immer, mit nach innen gerichtetem Blick. In der Gewissheit der wöchentlichen Beichte und Absolution war sie durch nichts zu ängstigen, aber den Eierkoffer umklammerte sie wie eine Eroberung.

Dann kam der Heilige Abend, und wir Kinder gebärdeten uns ziemlich zappelig. Das ganze Jahr über wurden wir mit unseren Wünschen auf Weihnachten vertröstet. Man spekulierte darauf, dass bis dahin das Vergessen die Oberhand gewönne und unsere kindlichen Interessen längst anderen Verlockungen folgten.

Es dämmerte schon. Die Spannung war kaum noch zu zügeln, doch zum Reglement gehörte der stinklangweilige Gang mit Oma auf den Kirchhof. Uns interessierte allein das Zündeln, um die roten Windlichter des Familiengrabs in Brand zu stecken. Der ganze Friedhof erinnerte an einen ungeordneten Glühwürmchenschwarm. Es waren viele Leute unterwegs, und im Dunkeln hatte die ganze Szenerie etwas Unwirkliches. Mancher Grabstein, schemenhaft im Schatten, schien sich zu bewegen, als wären die Toten auferstanden.

Endlich daheim, war der restliche Clan bis auf Papa bereits im Wohnzimmer versammelt: Zum alten Vinz und seiner Frau hatten sich Omi und Opi mütterlicherseits gesellt. Letztere stammten aus Frankfurt und lebten den mondänen Stil, den man im Schwabenland überhaupt nicht kannte und allenfalls als Krankheitsbild missbilligte. Besinnliches Fest konnte man die Versammlung nicht nennen. Eher fand das gegenseitige jährliche Erduldungstraining statt, demütig von allen zu ertragen, da vom Christkind speziell verordnet. Ich spürte das Knistern der Luft. Nicht nur das Warten auf die Geschenke war kaum mehr auszuhalten, sondern auch mein Vater trug dazu bei. Er dieselte mit seinem Mercedes noch bei den Bauern herum.

Irgendwann krachte die Haustüre ins Schloss – der «Chef» war da. Aber in welchem Zustand? Der alte Vinz, die fleischgewordene Ordnungsliebe, hatte Generationen von Pennälern zur Disziplin erzogen. Beim eigenen Sohn hatte er – seiner lautstarken Selbstbezichtigung nach – total versagt. «Alfred! Wie siehst du denn aus! Bist wohl schon vor der Bescherung besoffen.» Mein Vater versuchte die Anschuldigung zu ignorieren, so gut es ging. Von harter Arbeit gezeichnet, ließ er sich demonstrativ schnaufend in einen Clubsessel fallen und grummelte von Bauernbrauchtum. «Ich muss doch auf jedem Bauernhof einen Schnaps auf die Weihnachtsfeiertage trinken, sozusagen dienstlich.» Er rang um seine Autorität und flüchtete sich alsbald mit befreiendem Trotz in einen gemurmelten «Schwäbischen Gruß», was so viel wie l. m. a. A. bedeutet. So ging's dahin. Man lamentierte über die üblen Zeiten, bis alle mit dem hell klingelnden Weihnachtsglöckchen ins festlich geschmückte Zimmer gelockt wurden. Das nennt man gemeinhin: sich glücklich unter dem Tannenbaum einfinden.

Die Singerei à la «Stihiile Nahaaacht» dauerte unerträglich lange, doch Mutter ließ nicht nach. Sie war die treibende Kraft und um besinnliche Stimmung bemüht. Ich versuchte aus der Trompete mehr als nur ein dünnes Röcheln zu zaubern. Es wurde gebetet. Danach: Mein Gott, nochmal ein Lied! Das alles im Angesicht unserer Geschenke. Endlich drückte Mutter ihre Ziehharmonika zusammen, ein mit Diamantstrass parzelliertes Möbel aus den zwanziger Jahren. Das Instrument – offensichtlich auch sehr erleichtert – schnaufte laut und befreiend. Dann war Bescherung.

Mein Bruder Werner und ich kamen beim gleichzeitigen Start zu den Geschenken unterm Christbaum schwer zu Fall. Opa hatte das schon hinter sich, kurz zuvor war er auf dem frischgespänten und gewachsten Parkett ausgerutscht und der Länge nach hingeschlagen. Ein alljährlicher Gag zu den «Vierfesten» – Ostern, Pfingsten, Fronleichnam und Weihnachten –, an welchen bereits Wochen vorher exzessives Putzen die jeweiligen katholischen Happenings ankündigte. Das Jahr zuvor hatten wir uns dermaßen unter dem Tannenbaum gebalgt, dass er aus seiner Patentverankerung freikam, umfiel und Feuer fing. In Sekunden war das Weihnachtszimmer in lichterloh funkensprühender Illumination. Mutter reagierte phänomenal, riss beide Fensterflügel auf und beförderte das sich selbst verzehrende Symbol des Friedens hinaus ins Freie.

Wir versanken in der Zauberwelt unserer Geschenke; die obligatorischen Nürnberger Bratwürste, die Papa am Vortag fabriziert hatte, drückten wir samt dem Kartoffelsalat achtungslos rein. Die Alten hatten sich ins Raucherzimmer begeben. Immer wieder war Opas ungehaltenes Schnaufen zu vernehmen. Luft ablassend knarzte er von angeborener deutscher Nationaldummheit. Der andere Großvater – der Opi, oder schlicht Emil – war nämlich bereits 1933 in die SA eingerückt. Er hatte es dann in der Wehrmacht bis zum Major gebracht. Dieser Karriere hing er immer noch nach. Seine Nazisprüche, solcherart dreister Schwachsinn, fügten meinem Schwabenopa körperliche Schmerzen zu und ließen sein sorgsam mit griechischer Philosophie bepflanztes Pazifistengärtchen dahinwelken. Heute kann ich nachempfinden, welch titanische Langmut er sich abverlangte, um Familienabende geordnet im Namen Christi durchzustehen. Kein Wunder, dass sich alle beteiligten Männer mit dicken Zigarren das Maul stopften. Das Zimmer war qualmgeschwängert wie nach einem Brandanschlag.

Gegen elf machten sich die Älteren auf den Weg. Das Haus war leer und wir Kinder im Bett. Vater und Mutter suchten nochmals die Küche auf. Ohne Gute-Nacht-Vesper konnte der Heilige Abend nicht beendigt werden. Ein Pfännchen Gänseklein kam aufs Feuer, das hatte es schon zu Mittag gegeben. Man muss sich darunter eine helle Pampe vorstellen, die unzählige kleine Fleischfitzel von Gänsemagen und -hals zusammenhielt. Die Gänsefüße mit den Schwimmhäuten ließ man selbstverständlich auch nicht verkommen, sie waren eine weitere wichtige Ingredienz. Nebenbei wurde die Gans üppig gesalzen, ein äußerst wichtiger Akt. Er musste noch am Abend erledigt werden, damit das Salz über Nacht ins Innere des Fleischs vordrang.

Am nächsten Tag war um acht Uhr Zapfenstreich. Mit Frühstück war nicht viel, denn ausgiebiges Frühstücken pflegen nur Völker, die danach den ganzen Tag nichts Rechtes mehr auf den Tisch bringen. Ein Gsälzbrot und Caro-Kaffee für uns Kinder, für die Eltern Tee dazu, das war's. Der Gasherd wurde angezündet, an langem Arm, mit abgewandtem Gesicht. Noch nicht lange her, da war Mutter eine Stichflamme ins Gesicht gefahren, dass sich für die nächsten Wochen das Augenbrauenzupfen erübrigte. Der «Granatenschlag» hatte die ebenen Seitenwände des Ofens ausgebuchtet. Seitdem beheizte das Gerät keine exakten Abmessungen mehr und wirkte etwas verschoben. Ein Ofen ist eine andere Art von Lebenspartner und deshalb gewöhnungsbedürftig. Hat man alle Launen kennengelernt, will man nichts anderes mehr.

Mama schaltete das Gerät auf Volldampf, die Stufe drei. Ein irdener Gänsebräter war fingerhoch mit Wasser gefüllt und mit einigen Zwiebelscheiben versehen worden, mitten hinein setzte man die Gans. Anschließend schob mein Vater den «Sarkophag» mit ritueller Ehrfurcht ins «Rohr». Ab diesem Zeitpunkt ließ er niemanden ran. Ab und an durfte Mutter, außer der Reihe, das Vieh mit dem ausgetretenen Fett übergießen.

Eigentlich oblag ihr die Fertigung des Kartoffelsalats, und dieser gilt im Schwabenland als das schwierigste Gericht überhaupt. Dafür wurden nicht die berühmten «Sieglinde» verwendet, etwas weicher kochende Sorten mussten her. Sie sogen die reduzierte Fleischbrühe, den Essig und die reichlichen Mengen Öl besser auf. Mutters Kartoffelsalat hatte, wie Lothar Späth es nannte, «soichnass» zu sein. Der extravagante Trick war eine Messerspitze Curry. Kaum zu glauben, aber etwas Curry war unverzichtbar, das verstärkte den Maggigeschmack – für mich heute noch ein Suchtproblem. In den Salat wurden im Sommer Gurken hineingehobelt, und im Winter war die Zeit des Endivien, der feingeschnitten kurz vor dem Auftragen untergemischt wurde.

Immer wieder wollte die Gans übergossen sein. Frau Slonek richtete das Besteck. Der Esstisch verfügte über das Innenleben einer Ziehharmonika und konnte auf fünfzehn Meter ausgezogen werden. Ein Brett ums andere wurde eingelegt, bis die Zimmerwände Einhalt geboten. Dreizehn Leute nahmen am Weihnachtsfesttag Platz. Um die Unglückszahl sorgte sich niemand, eher waren Bedenken angebracht, dass die Gans nur für zwölf reichen könnte. Doch so weit war es noch nicht. In einer Steingutschüssel ruhte der Spätzleteig unter einem rotkarierten Küchentuch und durfte nicht gestört werden. Er verlor dabei die gummiartige Konsistenz, wurde sehr hart, denn Vater wollte die weichen Spätzle – «nasse Hunde», wie er sagte – nicht. Frau Slonek widmete sich mit Inbrunst der Suppe. An Weihnachten hatte das immer eine Markklößchensuppe zu sein; der feine Schnittlauch kam von Töpfen, die auf der Fensterbank darauf warteten, immer wieder geschoren zu werden.

Um halb zwölf klingelten die Altvorderen um Einlass. Omi hatte sich zu dieser Saison lila-silbrige Löckchen gedreht, schürzte mit geübtem Snobappeal ihren kirschroten Mund und fuchtelte mit dem Lorgnon herum, wenn sie nicht gerade demonstrativ die silberne Zigarettenspitze zur Decke streckte. Sie trat «very sophisticated» auf und zeigte sich in ihren bis zu den Ellenbogen reichenden Seidenhandschuhen für schwäbische Verhältnisse reichlich «aufgedonnert», wenn nicht gar als Ärgernis. Emil, der alte Kommisskopp, versäumte nicht, wie beim Militärappell die Hacken zusammenzuschlagen. Schwabenopa Vinz putzte verlegenheitshalber seine randlose Brille, um dann die Denkerstirn skeptisch nach oben zu ziehen. Er zückte seine Taschenuhr und prüfte gewohnheitsmäßig, ob der Stundenplan stimmte. Insgesamt eine filmreife Introduktion für ein Festessen.

Frau Slonek schöpfte reihum die Suppe ins Festtagsgeschirr, und alle waren in übertriebener Sonntagslaune. Vater nahm sich nicht viel Zeit für den kulinarischen Prolog. Dafür stand in der Küche zu viel auf dem Spiel. Alle Gänse schauen gleich aus, sind aber doch völlig unterschiedlich. Die Garzeiten können gut und gern um eine Stunde differieren. Heute war ein Glückstag, die Stricknadel, die Vater wie ein Torero in die Keulen trieb, fand keinen Widerstand und ließ sich ebenso leicht wieder herausziehen. Das Tranchieren begann. Ein Schlegel wurde gleich abgezweigt und in der «Speis» deponiert. Morgen war ja auch noch ein Feiertag, für Vater jedenfalls. Dann wurde die berühmte einbeinige Gans des Tierarztes in die restlichen Teile zerlegt. Mein Bruder bekam seit Jahren erfolgreich eingeredet – er glaubt bis heute daran –, dass der Bürzel das Beste sei, und nahm ihn als Statussymbol des Erstgeborenen. Meine vier Schwestern und ich erfreuten uns an den Flügeln und knusprigen Hautfetzen. Wir mampften herrlich zufrieden, denn viel Soß', Spätzle und Kartoffelsalat waren die Eckpfeiler unseres kulinarischen Verständnisses. In den Schüsseln befand sich genügend, trotzdem aß man mit größtmöglicher Geschwindigkeit: Der Nachschlag ist des Deutschen schönstes Gericht. Man traute dem Nachschub in der Küche nicht. Angewidert sah Opa auf unsere Hemmungslosigkeit.

Irgendwann einmal wurde mir, wie immer, schwindlig. Raus an die frische Luft, Bruder Werner folgte und auch Vater. Man ging schweigend ums Haus. Wir brauchten diesbezüglich keine Worte. Die Binsenwahrheit, dass ein schwäbischer Schmaus – in katholischen Haushalten – in zwei Teile fällt, leuchtet ein. Erst der ungestüme Genuss, dann ein kleiner Rundgang «zum Setzenlassen», um danach noch einmal richtig zuschlagen zu können. Ein womöglich altgermanischer Brauch, als man noch nicht wusste, ob der nächste Tag eine erfolgreiche Jagd versprach.

Die sonntäglich aufgekratzte Tischfreude war längst sattem Stumpfsinn gewichen. Doch kann man unwiederbringliche Freuden ausschlagen? Unmöglich! Wie soll man eingedünstete Herzkirschen mit Grießschnitten ablehnen. Auf diese war ich richtig wild, wenngleich mir Kirschen stets einen Anschnauzer des Vaters einbrachten. Mit Vater war insofern nicht gut Kirschenessen, als er gelegentlich – wie wir alle – auf einen Kern biss. Irgendwelche Indizien sprachen dafür, dass ausgerechnet ich beim Entsteinen im Sommer, wie immer, geschlampt hätte. Gott sei Dank hatte das Kirschendessert erst dann seinen Auftritt, wenn die friedensstiftende Wirkung des allgemeinen Völlegefühls sich wie sanfter Tüll über die Tafelrunde senkte.

Außer den Großeltern waren alle am Rande des Komas. Man schwieg. Die Herren schnullten träge an den dicken Zigarren und blickten in ihre Schnapsgläser. Allgemeines Dösen. Nach eineinhalb Stunden zeigte die Pause Wirkung. Der Ranzen spannte noch, aber es ging wieder etwas hinein. Gegen vier schlug endgültig die Stunde der famosen Frau

Slonek. Die Decke mit den St. Gallener Klöppelspitzen wurde aufgelegt, Gebäckschalen darauf angeordnet und der Kaffee eingegossen. Torten gab es keine, sondern Kuchen aller Art: Apfelkuchen, Biskuitrolle, Linzertorte, und vor allen Dingen Schlagsahne. Zweimal im Jahr gab es Schlagsahne, zweimal im Jahr wurde mir speiübel – denn Geburtstag und Weihnachten standen unter dem Segen von viel gesüßter Sahne, aber nicht unter der Disziplin des Maßhaltens.

Kinder erholen sich schnell, und alles hat ein Ende. Während ich mit der Märklin-Eisenbahn spielte, wurden die Gespräche aus dem Herrenzimmer und der Bibliothek einsilbiger. Jetzt war's genug. Trotz aller Gegensätze, Ecken und Kanten der Beteiligten war Eintracht. Lag es daran, dass man noch einen Funken Religiosität im Leib hatte, oder lag es am behäbigen Ensemble von Bordeaux-Rotwein, Gänsefett und Verdauungslikören?

Es ist sicherlich keine komplizierte Theorie zu behaupten, dass satte Leute stets friedlich sind. Wer rückblickend die unsensible Fresswelle der fünfziger und sechziger Jahre kritisch überdenkt, kann diese Symptome vielleicht als Ausgleich für jahrzehntelangen Unfrieden werten. Es wurde hart gearbeitet, andererseits auch kräftig gefeiert. Mit den Lebensumständen ging es steil bergauf. Man genoss das Leben möglichst gut, die Bäuche wuchsen, und mit Stolz zeigten die Männer ihr Übergewicht.

Ohne Hirn kein Schmack

Aus persönlichen Gründen wollte Frau Slonek eines Tages zurück in ihre heimatlichen Wiener Gefilde. Ein Arzthaushalt ohne Dienstmädchen wäre aber nur unter Stand zu führen gewesen. Papa stellte neue dienstbare Geister ein, und mit diesen war es oft ein Kreuz. Die Mama sei mit den Leistungen nie zufrieden, klagte Papa. Das habe ich so lange geglaubt, bis ich dahinterkam, dass da durchaus berechtigte Eifersucht im Spiel war.

An Erna aus Berlin kann ich mich noch gut erinnern. Ihre schwarze Mähne kontrastierte mit ihren feuerrot nachgezogenen Lippen. Im knallengen Pullover, der sich einem verwegen spitz modellierenden BH anschmiegte, stand sie in der Küche, putzte, fuhrwerkte an der Spüle und war mit allen Haushaltsangelegenheiten fix bei der Sache. Ich befand mich noch vor Beginn der Pubertät und hatte kaum einen Schimmer, wieso es Männlein und Weiblein auf der Welt gab. Erna aber ließ mich ahnen, dass Frauen nicht nur zum Putzen und Fegen auf der Welt waren.

Sie war ein toller Feger und hatte – Holy Shit – immer wieder neue Amifreunde. Schwäbisch Gmünd war zwar klein, doch mit über viertausend rattenscharfen GIs für Frauen ein heißes Pflaster. Erna, eine richtige Großstadtpflanze, hatte eine «saufreche Gosch», wie man in Gmünd sagte. Letztlich war es aber nur ihre klare, schlagfertige Berliner Sprechweise, die dem typisch schwäbischen «Breimaul» weit überlegen war.

Sie konnte sich freilich viel erlauben, denn die Verlockungen ihrer Pullis erschöpften sich nicht in deren knallfrohen Farben. «Die hat einen verdammt gut besuchten Pullover», hörte ich Papa einmal ächzen. Mamas Begeisterung dafür hielt sich in Grenzen.

Einige Jahre später, als Papa mich nicht mehr «Bub», sondern «Junger» – gesprochen: «Jonger» – nannte, gab er mir einen väterlichen Rat. «Jonger, eines muscht du dir merke: Mit Frauen kansch machen, was du willsch, das isch nie eine Sünd. Bei manche Sache darf man sich aber net erwische lasse, ond wenn, dann – merk dir des gut –, ond wenn, dann lüge, lüge, lüge auch dann, wenn alles dagegen spricht. Lüg auch dann, wenn die eifersüchtige Frau klare Beweise zeigt. Egal, was isch, streite es ab!» Mag sein, dass Papas Praktiken sich im Alltag bewährten, Ernas Abgang aber vermochten sie nicht zu verhindern.

Und das kam so. Papa hatte einen Freund, den wir Onkel Egon nannten, obwohl er gar nicht mit uns verwandt war. Dieser war spitz wie eine Natter, und eines frühen Abends entführte er die rassige Erna nach einigen Gläsern Rotwein in ihr Dachkämmerlein. Alsbald flogen an unserem Wohnzimmerfenster erst ein paar Schuhe vorbei, dann eine Hose, ein Unterhemd, die Unterhose, BH, ein Slip und so weiter. Schlimmstes befürchtend, stürzte Vater nach oben. Er kam grinsend wieder die Treppe herab und krähte lachend: «Egon meint, bis er mit dem Bettgeraufe fertig sei, wären die Klamotten nicht mehr modern!»

Mama fand das überhaupt nicht lustig, obwohl sie ganz und gar kein Kind von Traurigkeit, sondern eine schrille Rock-and-Roll-Mutti war. Ganz besonders liebte sie Bill Haley. Dessen kleine Fünfundvierziger-Platten mit dem schwarzen Label

«Brunswick» drehten sich, wenn Papa nicht da war, ohne Unterlass. Ansonsten arbeitete sie ständig im Haus, immerhin waren wir sechs Kinder. Sie hielt sich gerne im Hintergrund, vielleicht ist sie mir auch deshalb weniger stark im Bewusstsein. Der Papa als Hausherr, Gelegenheitsdespot und lautstarker Macho dominierte die Familie total. Die Rolle der Frau und des Mannes war eine völlig andere als heute. Ich kannte sogar Bauernhöfe, wo der Mann nicht mit der Familie zusammen zu Mittag aß, sondern sich an einem eigenen Tisch servieren ließ.

Die Erziehungsmethoden in unserer Familie gestalteten sich rustikal, aber geradlinig. Es wurde gegessen, was auf den Tisch kam, und wenn Vater ein Bier trank, dann sah er darin nicht den Genuss von Alkohol, sondern Bier war flüssiges Brot. Irgendwann, man schrieb das Jahr 1957, und ich war ungefähr acht Jahre alt, bekam ich einen ersten Schluck Bier. Es schmeckte. Nun gab es für mich kein Halten mehr, alle Gerüche und Aromen mussten ausprobiert werden. Eines übermütigen Abends saß ich auf dem Schoß meiner Mama, die mal wieder ihre überschallrote Glasperlenkette trug. Papa fläzte in seinem nagelneuen Riesensessel wie das absolute Denkmal des Wirtschaftswunders. Es herrschte Partystimmung, Bill Haley rockte «around the clock», und Papa wurde nach einigen Gläsern Wein oder Schnaps erstaunlich musikalisch und schnippte mit den Fingern. Ich bestand auch auf einem Schlückchen Kirschwasser, schrie und schrie und gab nicht nach. Irgendwann kapitulierte Mutter und reichte mir ein Gläschen.

Hätte ich zuerst daran gerochen, hätte ich von dem Ansinnen wohl abgelassen. Als ich das Gekippte erschmeckte, war es zur Umkehr zu spät. Das Feuerwasser war bereits hinter der Gurgel. Ich rang mit den Händen fuchtelnd um Luft und

Leben – und der Faden der Glasperlenkette riss. Sobald die Krämpfe nachließen und sich das Zwerchfell aus der Blockade der Hyperventilation löste, schrie ich aus tief verbrannten Gedärmen mit Bill Haley um die Wette. Die Schallplatte drehte sich stoisch.

So erahnte ich zum ersten Mal, was für vielfältige Ereignisse im Rachen stattfinden können. Man hätte mir ein Schild umhängen sollen: «Immer erst riechen!» Denn das bewahrt vor jähen Überraschungen. Wer schmeckt, hat bereits den zweiten Gang der Kulinarik eingelegt, den Duft und damit die kalorienfreie Variante des Genusses hinter sich gelassen. Schmecken gehorcht gern dem puren Verlangen nach Intensität. Es will den vollen Griff in die Aromen, oft exzessiv und manchmal grob. Zwischen Nase und Rachen werden die feinen Register der Zunge überwacht. Man riecht auch von innen. Auf der Zunge werden vagabundierende Aromen zwischen den verschiedenen Plafonds der Sensorik sortiert. Spaziergänge in der Mundhöhle können jedoch auch in die Irre führen. Als letzter «Emergency-Hebel» bleibt manchmal nur noch der Würgreflex, oder man bläst ab wie ein Wal, zum Beispiel, um die Lippen vor dem Verbrennen zu bewahren.

Die Zunge ist die Schildwache des Schlunds. An der Spitze wird süß registriert, die vorderen Ränder melden salzig, die hinteren Randlagen empfinden sauer, und «Backstage» am Zungengrund, der letzten Instanz, schmecken wir das Bittere. Schärfe hat übrigens nur entfernt mit Schmecken zu tun. Sie wird nicht über Geschmacksrezeptoren analysiert, sondern ist eine chemische Empfindung. Die Schleimhäute werden gereizt, und schon bricht womöglich die Chilihölle los, die sich über den Gaumen bis ins Hinterteil fortsetzt und oft am anderen Ende genauso heftig brennt wie an den Lippen.

Praktisch zeitgleich mit der Geschmackswahrnehmung erfolgt die Geschmackswertung: «Es schmeckt» bedeutet immer, dass es gut schmeckt. «Es riecht» ist mitnichten eindeutig. Schmecken ist Geschmacksache im eigentlichen Sinn, hat also mit Freiheit zu tun. Was dem einen ein geiler Trüffel, ist dem anderen eine erdig widerliche Knolle. Jeder ist selbst dafür verantwortlich, mit welchem Verständnis er sich bei Tisch über die Gaben der Natur hermacht. Jeder isst und trinkt von Kindesbeinen an, was nicht heißt, dass man dabei von selbst schmecken lernt. Auch das ist eine Sache der Begabung. Wie Musikalität nicht jedem gegeben ist, so kommt nicht jeder auf den Geschmack. Auf das Bewusstsein kommt es an. Kurzum, ohne Hirn kein Schmack.

Hinter Klostermauern

In der Schule fiel ich meinen Kameraden durch riesige Klappbrote auf, die dick mit Griebenschmalz bestrichen waren. Eigentlich handelte es sich nicht um Pausenbrote, sondern um eine Art Mannschaftsverpflegung für einen Einzelnen. Den städtisch geprägten Jungs war das immer eine Hänselei wert, denn sie bildeten sich schwer was auf die seltsame Hartwurst ein, mit der ihre Micker-Sandwiches belegt waren. Außerdem hielten sie nicht altmodisches Bauernbrot in den Händen, sondern feines und feuchtes vom Konsum. Diesem ersten Fabrikbrot mit einem Papierkleber drauf, der das Gewicht dokumentierte, galt meine ganze Sehnsucht. «Der Mensch will immer das, was er nicht hat» – diese alte Plattitüde traf auch auf mich zu. Das Bauernbrot war naturgesäuertes Holzofenbrot, heute eine absolute Rarität, aber damals ein Sinnbild für Rückständigkeit. Gesund war es allemal.

In der Grundschule lief es trotz der verschärften Kalorienzufuhr ganz miserabel. Ein Schuljahr nach dem anderen brachte keine Besserung. «Vincent, du verdammter Träumer, wenn du nicht Gas gibst, stecken wird dich ins Internat!» Papa grauste es vor Weicheiern, und er sah mit Bestürzung, wie sein Nachwuchs nicht nur von schwächlicher Statur war, sondern obendrein noch gerne in wolkigem Sinnieren durch den Tag eierte. Er schwärmte mir von den Jesuiten vor, wie sie den Zöglingen ins Gesicht spuckten und diese Wunderknaben wiederum mit eiskalter Grandezza und ohne jegliche Gefühlregung das Taschentuch zückten, um sich die Erziehungsmaßnahme von der Backe zu wischen. «Die großen Geister der Geschichte sind allesamt in Internaten erzogen worden. Was dich nicht umbringt, macht dich stärker!» Der Alte gab sich alle Mühe, mir die Einweisung in so eine Erziehungsanstalt schmackhaft zu machen. Ob ich wollte oder nicht, irgendwann wurde nicht mehr hinterfragt.

Eines Tages, im Jahre des Herrn 1960, senkte sich der elfte Geburtstag auf meine gramgebeugten Schultern. Der Vater fuhr den von ihm «miserabler Schüler, Faulenzer, Träumer, Flasche, Diplompfeife, Schande der Dynastie» geschimpften Sohn zu einer Klosterschule. Gen Osten führte der Weg, wir kamen durch Aalen, dann an der imposanten Kapfenburg vorbei. Es ging ständig leicht bergan, und die Landschaft veränderte sich ins Herbe. Wacholderheiden lösten die saftigen Wiesen der Talgründe ab, Felsen ragten aus den Abbrüchen der Schwäbischen Alb bis nahe der Straße. Der schwarze Mercedes schob sich mit seinen ausladenden Heckflossen langsam durch die Gassen des mittelalterlichen Nördlingen. An der Harburg der Fürsten zu Oettingen-Wallerstein dieselte Vater mit Vollgas vorbei, um dann dem Flüsschen Wörnitz zu folgen. Sanft zog sich die Straße abwärts, bis ein hoher barocker Kirchturm in Sicht kam. Der Turm lehnte an einer riesigen Kirche und einem ausladenden, mächtigen Gebäude: Das Kloster Heilig Kreuz in Donauwörth sollte nun meine neue Heimat sein. Auf einem Hügel in der Nähe des Zusammenflusses von Wörnitz und Donau kümmerten sich ein katholischer Orden um dreihundert Insassen meiner Provenienz.

Zum Eingewöhnen ließ man mir nicht viel Zeit. Ein rasanter Tagesablauf sorgte dafür, dass man kaum auf dumme Gedanken kam. Zuallererst wurde ich in den Knabenchor zwangsverpflichtet, dann zum Ministrieren und Räucherfasswedeln bis zum Umkippen. Am schlimmsten traf mich die Internatskost. Sie erinnerte mich an Gefangenenlager, die ich ja aus den Landserheftchen bestens kannte. Mein Weltschmerz war monströs.

Patres bewachten uns und sorgten für den Schulunterricht; um das Essen sowie die Sauberkeit und Ordnung rund ums Gemäuer kümmerten sich Ordensschwestern. Egal, was diese auftischten, ich empfand alles wie Wasser und trocken Brot. Mein Gott, das Brot! Was heute gesundheitsbewusste Diätfanatiker euphorisch macht, nannte man damals Kommissbrot. Eine backsteinartige Unverschämtheit, die man essen konnte, vorausgesetzt die Zähne hielten. Es war ein kulinarisches Jammertal, und die gemeinsame Speisung für all die von Mama verwöhnten Bengel schaukelte sich manchmal zu kollektiver Hysterie auf. Dabei war das Essen keineswegs schlecht, aber halt nicht so superb wie bei Muttern.

Einmal im Monat allerdings gab es eine dicke Scheibe Schwartenmagen oder Presskopf. Den Neulingen wurde dieses «Bremsgummi» genannte Strafgericht mit wildestem Grausen geschildert: Einem Zögling sei ein Brocken davon im Halse stecken geblieben. Ein schlecht rasiertes Schwartenstück habe die Kehle des juvenilen Feinschmeckers gekitzelt, ja sie geradezu zerkratzt, und wie ein Vulkan habe er das Halbgekaute auf den großen Tisch gespien, an dem zehn Jünglinge sich im kollektiven Würgen übten.

Wir nahmen unsere Mahlzeiten in einem riesigen Barocksaal ein, von dessen hohen Wänden klerikale Altvordere herabäugten, Päpste, Bischöfe und sonstige Kirchenbonzen. Allesamt glotzten sie völlig unbeeindruckt, manch einer auch angewidert. Ihr Blick galt den Jüngelchen, die nie einen Krieg erlebt hatten und deren größte Herausforderung und Mutprobe das Essen des Bremsgummis war.

Seit dem «Vulkanausbruch» wurden die Mahlzeiten von Priestern überwacht, mindestens fünf Kutteler waren am Start. Ja, sie hatten schwarze Kutten, und es waren keine Jesuiten, sondern Herz-Jesu-Missionare. MCS, Missionarii Sacratissimi Cordis. Der Orden war 1854 in Frankreich gegründet worden und alles andere als streng, sondern eher modern, sanft katholisch und voll Verständnis für die menschlichen Schwächen. Meinem von der Wehrmacht verbogenen Vater waren diese Mönche fast zu lasch, schlimmer noch, der Eckpfeiler ihrer Weltanschauung war der Pazifismus. Wenn Papa an diesen guten Menschen trotzdem Gefallen fand, dann weil die Internatsgebühren sehr niedrig waren.

Nach dem Mittagessen stand Freizeit auf dem Programm, es wurde gekickt, Räuber und Gendarm gespielt oder einfach nur in der Gegend herumgegammelt. Dann waren die Hausaufgaben zu erledigen. Der Studiersaal dehnte sich weitläufig wie eine Turnhalle. Gewaltiger Stuck hing an der Decke, und über uns waren ebenso monströse Gemälde angebracht wie im Speisesaal. Überlebensgroß gemalte Fürstbischöfe vergangener Zeiten halfen uns bei der Büffelei allein schon durch ihre Aura und ihre gestrengen Blicke. Wer dennoch nicht brav war, durfte zur Festigung seines Charakters Gedichte auswendig lernen – neben den Schulbänken im Gang. Das war kein wohlfeiles «In-der-Ecke-Stehen», sondern wir mussten knien. Davon versprachen sich die Erzieher eine besondere Stimulierung des Delinquentengehirns. Ausdrücklich erlaubt war allerdings, zwischendurch das Gebetsbuch zu studieren. In Bayern nennt man selbiges ein Laudate. Wahrlich, ich sage euch: eine echte Schwarte. Sie hatte genau die Abmessungen eines Karl-May-

Bands, und so wurden wir allesamt zwar wenig glaubensfest, aber dafür ausgebuffte Spezialisten in Sachen Karl May.

Ich versuchte, mich so gut es ging an den Erziehungsmaßnahmen vorbeizuschummeln. Einen heißen Tipp dafür übernahm ich aus einem Landserheftchen. Heute noch stehen mir beim Gedanken daran die Haare zu Berge. Die Soldaten verwendeten Dieselruß, ich dagegen steckte mein Taschenmesser ins Ofenrohr der Ölfeuerung: ein Teelöffel Ölruß sorgte für eine gepeinigte Leber. Man bekam sozusagen eine temporäre Gelbsucht, war fix und foxi und konnte in die Krankenstation einziehen, anstatt an einer Klassenarbeit zu scheitern. Letztlich nützte alle Drückebergerei nichts, es gab aus der von mir als reine Hölle empfundenen Internatszeit kein Entkommen.

Womöglich altersmild geworden oder mittlerweile einfach klarer sehend, finde ich heute, die Geistlichen haben ihre Sache gar nicht so schlecht gemacht. Vielleicht war die streng katholische Weltanschauung für mich Pimpf ein notwendiges Korsett. Man konnte gut damit leben, aber für das moderne Erwachsenwerden stellte sich manches als Hindernis heraus. Später mussten einige Jahre vergehen, um gewisse Deformationen durch den fundamentalistischen Katholizismus aus meinem Kopf zu schaffen. Na ja, hätte ich diese nicht gehabt, wäre womöglich anderer Psychokram über mich gekommen. Jedenfalls, mir faulem Galgenstrick bekamen die sechs Jahre Internat ganz gut. Der einzige Folgeschaden, den ich heute noch täglich spüre, sind die kaputten Knie vom vielen Rutschen in Kirche und Studiersaal – und womöglich hätte mir der viele Weihrauch eine Zigarettensucht bescheren können.

Nach einem Jahr trat ich in die Marianische Kongregation ein, weil der verantwortliche Pater Aschenbrenner ein sehr warmherziger Mann war und sich das von mir wünschte. Man darf nicht vergessen, dass die Ordensleute mit sanftem Druck darauf abzielten, aus uns Novizen zu machen. Der Muttergottesverehrung zum Trotz konnte ich kein Mädchen angucken, ohne einen Ständer zu kriegen. Die Pubertät drückte mir so langsam gewaltig auf den Unterleib. Doch vor Mädchen waren wir in Hl. Kreuz völlig abgeschottet, umso mehr schwurbelte es in unserer Phantasie. Die Muttergottes musste als mein Frauenbild herhalten, und wenn ich in den Ferien im Freibad ein Mädchen im Badeanzug sah, geriet ich in eine Art Bewunderungsstarre, die jedes Anbaggern vermasselte.

Viel später, als ich achtzehn war, nahm endlich ein tapferes Mädchen vor mir nicht Reißaus. Sie war schön, ein wirklich verehrungswürdiges Geschöpf, und ich brachte ihr ein so monströses Entzücken entgegen, dass es hinter den Büschen natürlich nicht klappte. Ich wusste ja auch gar nicht richtig, was genau man da anzustellen hatte, und sie, die genauso bescheuert aufgewachsen und deshalb ebenso schüchtern war wie ich, konnte mir dabei kein bisschen helfen.

Oft bin ich gefragt worden, ob die Patres nicht allesamt schwul waren, denn tatsächlich handelte es sich ausnahmslos um schöne Männer. Aber ich habe nie irgendwas in dieser Richtung bemerkt. Halt, doch. Wenn wir am Sonntag Ausgang hatten, mussten wir wohlgeordnet in Zweierreihen durch den Ort wackeln, damit kein Zögling abhanden kam. Pater Karg als Aufsicht geriet dabei ab und zu aus der Spur, weil er den Mädchen nachschaute. Genau wie wir, deren Beine sich dann oft mit denjenigen des Vordermanns verknäulten, sodass wir übereinanderpurzelten.

Die Patres waren gestandene Männer, und einen liebten wir geradezu: den Pater Huck. Wir nannten ihn so, weil er mit einem ziemlich archaischen Holzbein unterwegs war, das immerfort lautstark knackste und quietschte. Da er weithin hörbar war, erwischte er uns auch nie bei irgendwelchem Mist. Sein Bein hatte der Mann im Kugelhagel vor Stalingrad zurückgelassen und während der mörderischen Gefangenschaft in Sibirien das Gelübde abgelegt: «Wenn ich das überlebe, will ich ganz Gott dienen.» Selbstverständlich hielt er Wort. Da kommt man als Atheist ins Grübeln, ob man vielleicht einfach noch nicht genügend erlebt hat, um gläubig zu werden.

Die Schulausflüge mit dem Veteran waren immer lustig. Als Frohnatur liebte er Gasthäuser und spendierte uns einiges an Essen und Trinken. Eines Nachts, als wir uns allesamt spät und beschwipst ins Kloster schlichen, hickste Huck uns an der Treppe zum Kloster flehend an: «Bi staad (seid still), wenn mi der Superior so sieht, dann isch der Teufi los.» Natürlich brachten wir ihn in die Heia. Ja, wir liebten diesen Mann, auch weil er als leidenschaftlicher Theaterliebhaber die Schauspieltruppe des Internats anführte. Theaterspielen genoss einen solch hohen Stellenwert, dass alle Beteiligten oft Unterrichtsbefreiung dafür bekamen. Eine Klasse über mir glänzte der heute berühmte Schauspieler Sepp Bierbichler bereits in so prickelnden Stücken wie «Der Hund von Baskerville». Bierbichler spielte damals schon wie ein Gigant, aber ein bisschen konnte ich auch mimen. Fatalerweise war ich allerdings zu blöd (vielleicht lag es auch am ständigen Hunger), um Texte auswendig zu lernen. Deshalb bekam ich nur stumme Rollen oder schnarchte mich als Statist durch die Szenerie.

Mit der Malerei und den schönen Künsten hatte ich aber schwer was am Hut. Als Vierzehnjähriger schrieb ich mir ein ganz persönliches Künstlerlexikon: Es fing bei Delacroix und Corot an und endete bei den deutschen Expressionisten. Ein

Buch, das ich heute noch gern habe. Auf dem Zeichenblock kopierte ich eifrig meine Idole des Impressionismus und des Expressionismus. Als ich erfuhr, dass Ferdinand Hodler sich in seinen Anfängen auch am Kopieren von Postkarten übte, war mir das Antrieb, es ihm gleichzutun. Sowie Huck mein Talent als Kulissenmaler entdeckt hatte, war ich nicht mehr entbehrlich und genoss nun ebenfalls den Schutz des famosen Paters.

Unter den Schwarzkitteln gab es noch ein weiteres Idol: Pater Heinzpeter Schöning. Er gehörte nicht zum Lehrkörper, sondern verbrachte oft seine Ferien in unserem Kloster. Während seine Kollegen eine schwarze Kutte anhatten, trug er einen schwarzen Anzug und ein weißes Hemd ohne Krawatte. Obendrein genoss er seinen Sonderstatus im Orden: Er amtete nämlich als Zirkuspater. Das heißt, er sorgte das sonstige Jahr mit eigenem Wohnwagen bei den Schaustellern für deren Seelenheil. Pater Schöning, so schien mir, lebte uns einen wirklich modernen Typ vor; denn der Umgang mit Zirkusleuten erlaubt keine Zicken, sondern verlangt Gefolgschaft und ähnliches Naturell. Natürlich konnte er zaubern und auch artistische Stücklein vorführen.

Wenn er im Internat zu Gast war, nahm er uns auch einmal in der Woche die Beichte ab. Die Möglichkeiten zu sündigen waren innerhalb der unüberwindlichen Klostermauern allerdings eher begrenzt. Eines Beichtnachmittags hatte ich nur ein einziges Vergehen im Portefeuille. Zerknirscht flüsterte ich im Beichtstuhl dem Zirkuspater durchs reichziselierte Holzgitter ins Ohr: «Herr Pater, ich habe letzten Freitag Fleisch, ein bissle Wurst, gegessen.» Zunächst kam gar nichts, der Beichtvater dachte vielleicht, dies sei die Ouvertüre zu Schlimmerem. Doch es blieb still. Dann begann er zu sprechen, ruhig und amüsiert: «Wegen diesem Scheiß kommst du zu mir?» Er hielt inne. Ich wusste, jetzt kam irgendeine Buße. Hoffentlich keinen Rosenkranz beten, dachte ich noch. Aber die Stimme des Geistlichen raunte: «Am kommenden Sonntag habt ihr ja Freigang. Zur Buße trinkst du vor Zeugen eine halbe Maß Bier ex, in einem Zug, hast verstanden? Jetzt hau ab, und wenn d' kein Geld hast, kummst zu mir!»

Also keine Buße, ich erhielt bald darauf vielmehr eine Art Sonderstatus, um nicht zu sagen, einen absoluten Vertrauensposten: Vincent hatte die Ehre, die Speisekammer der Mönche aufzuräumen. Die Herren verfügten über ein separates Magazin, das mit dem Internatsfraß nichts zu tun hatte. Die Speisekammer war den Mönchen ein sozusagen weltlicher Tabernakel oder das, was sie für modernes Leben hielten. Der Trend zur Industrienahrung machte auch vor Klostermauern nicht halt. Frisches Essen, in der Gegend geerntet und dann mit Respekt gekocht, galt selbst bei den Mönchen als alter Hut, etwas für die Bauerndödel, die Doofen vom Land. Modernes Leben hingegen war das, was in Amerika produziert und gefeiert wurde. Hatte die Speisekammer einst jede Menge Schinken, Speck, Mehlsorten, Linsen, getrocknete Erbsen, gelbe und grüne, enthalten, standen jetzt in den Regalen Konservendosentürme wie Orgelpfeifen aufgereiht: Pichelsteiner, Serbisches Reisfleisch, Erbsen, Linsen, Rouladen. Alles, was in freier Natur gewachsen war, hatte man nun in Dosen eingesperrt. Vielleicht gefiel den Mönchen die Vorstellung, mit dieser Dosenphalanx über eine Armee zu herrschen, die leichter zu handhaben war als wir widerspenstigen Bengel.

Besonders imponierten mir in der Klosterspeisekammer ganz spezielle Riesendosen. In bunten Farben stand darauf «Libby's Canned Chicken», und ich kann nicht beschreiben, wie groß meine Augen wurden, als ich zum ersten Mal dieses amerikanische Gourmetwunder erblickte, das so gar nichts mit dem altmodischen Essen, das ich von zu Hause kannte, zu tun hatte. 1875 hatten ein gewisser Archibald McNeill sowie seine Spezis Arthur und Charles Libby in Chicago begonnen, Fleisch in Dosen zu packen. Von derselben Firma stapelten sich Ananas und Pfirsiche in den durchgebogenen Regalen, alles «in heavy sirup».

Mich machten solche Verheißungen ganz besoffen, als wären die Ganglien meines Hirnkastens ebenso mit «heavy sirup» gefüllt. Auf all den Dosen standen die Namen ausländischer Firmen, und ich kam mir fast abhanden vor lauter Sehnsucht nach fremden Ländern, wo man genug Köstlichkeiten übrig hatte, um sie in Dosen zu packen und an unsere Patres zu schicken. Sogar Hitze ließ sich offenbar in Konserven packen, hörte ich später während meines letzten Schuljahres. «Canned Heat» nannte sich eine Band, und auf deren Blueslastigkeit fuhr ich schwer ab. Erst recht hatte es mir ihre Botschaft angetan: «On the Road Again».

Ganz klar, Konsumfraß weckte damals das Fernweh: Ich musste die schwäbischen Käffer möglichst schnell hinter mir lassen und in die weite Welt hinausziehen. Doch noch war es nicht so weit. Im Internat floss die Zeit zäh wie Melasse. 1965 hatte ich mich von zu Hause weitgehend abgenabelt, es ging auf die Abschlussklasse zu. Mittlerweile liebte ich das Internat, denn ich hatte begriffen, dass es meine musischen Neigungen förderte und mich beim Zeichnen, Malen, Musizieren – ich bekam Trompetenunterricht – und all dem unterstützte, was zu Hause als nichtsnutzige Träumerei abgetan wurde.

Der schwäbische Charakter ist eben zwiespältig. Gemeinhin gelten die Schwaben als Dichter, Denker und Tüftler. Mir hingegen kamen sie uralt und starrsinnig vor. Drögheit umgab sie wie eine Ritterrüstung, die sie unsterblich und übermächtig erscheinen ließ. Alles, was außerhalb der eigenen vier Wände geschah, beäugten die alten Schwaben misstrauisch; Vorurteile wurden nur schwerfällig revidiert. Immerhin fand auch mein Vater irgendwann zur modernen Musik, und das sicher nicht zuletzt durch den Einfluss der Mutter. Wenn er in Stimmung war, schwang er ab und an sogar das Tanzbein, das aber erst, wenn einige Bierchen die Alltagssorgen weggespült hatten. Die Trompete von Louis Armstrong brachte ihn in Stimmung, die Glenn-Miller-Band fand er klasse und «In the Mood» dudelte immer wieder bis spät in die Nacht.

Doch Genies und Künstler waren etwas für Erwachsene, in der Entwicklung vom Buben zum Mann lenkte so etwas nur unnötig ab, behaupteten die Eltern. Opa steckte seine Nase von morgens bis abends in irgendwelche Bücher, mir hingegen waren nur Schulbücher gestattet – das Lesen von Romanen galt als Zeitverschwendung und Triumph des Nichtstuns. Opa war eben ein Geistesmensch, und davon war ich Lichtjahre entfernt. Junge Geistesmenschen, so etwas gebe es nicht, wurde mir eingetrichtert. Opa tönte in den Ferien: «Vincent, du bist ein Dackel, aber mach dir nichts draus, jeder kommt als Idiot auf die Welt. Mit dir ist es allerdings ganz schlimm. Du bist dumm geboren, hast nichts dazugelernt und die Hälfte vergessen!» Es folgte sein Standardspruch: «Das werden wir ändern, und was dich nicht umbringt, wird dich für die Anforderungen der Welt stählen!» Na ja, diese Sprüche war ich gewohnt, sie destabilisierten mich längst nicht mehr.

Später sollte mir ein Küchenchef einmal sagen: «Vincent, wenn du oben ganz groß rauskommen willst, dann musst du zuerst ganz unten durch die Scheiße hindurch.» Dem Internat konnte ich dankbar sein, die Mönche komponierten die ideale Mischung von Niederlage, Teilerfolg und Hochgefühl. Die Realschule schloss ich gerade mal mittelmäßig ab. In den Fächern, die mich interessierten – Geschichte, Deutsch, Fremdsprachen – war ich sehr gut, aber Mathematik, Physik und Chemie zogen mich gewaltig runter. Wegen den verdammten Zahlen schaffte ich es nicht aufs Gymnasium. Schon damals zeichnete sich ab, was für Nachwuchs Deutschland benötigte: junge Leute mit mathematischer Begabung, die auch noch die Schnauze hielten, später brav ihre Steuern zahlten und sich in technischen Abläufen gut auskannten.

Die sechziger Jahre waren die Zeit, als Firmen noch Emissäre in Internate schickten, um technische Zeichner und Ingenieure anzuwerben. Für diese Leute war ich mit meinen musischen Neigungen nicht zu gebrauchen, doch mittlerweile war mein Ego groß genug, um auf solche Strömungen mit Verachtung hinabzublicken. Nachdem es mit dem akademischem Arkadien nicht klappen wollte, hätten die Eltern mich gern als Bankdirektor gesehen – ausgerechnet mich, wo mir doch von Zahlen schwindlig wurde. Ich selber wollte eigentlich Bildhauer werden oder Graphiker, doch ich musste mich den Alten unterordnen, die meine Neigung zum Kochen und die Berufe in der Gastronomie als weniger brotlos ansahen. «Gastronomie, mein Sohn, das ist genau das Richtige für dich», sprach der Papa, und ich senkte willig das Haupt, denn gegen meinen Vater hatte ich mich nie durchsetzen können, und obendrein war er der Stärkere.

Andererseits liebte ich geradezu besessen den Bossa nova, der Anfang der sechziger Jahre erfunden worden war. Eine Obsession, die bis heute angehalten hat. Und so reifte in meinem Kopf ein infamer Plan, wie ich Papas Willen genügen und gleichzeitig meine eigenen Träume erfüllen könnte. Denn auch das hatte Papa gesagt: «Koch ist der elendste Beruf, wenn du mittelmäßig bist, aber es ist der schönste Beruf, wenn du gut bist. Dann steht dir die Welt offen. Du kannst aufs Schiff, bist immer in der Nähe der Reichen und immer dort, wo die Sonne scheint!»

«Genau», dachte ich, «dann haue ich ab nach Brasilien, wo ich mich in der warmen Sonne mit Bossa nova laben kann.» Ich musste einfach näher an den Jazz ran. War der Alltag im Internat noch so trist – ein bisschen Jazz aus dem Kurzwellenradio, schon stieg mein Puls, und ein unglaubliches Wohlgefühl breitete sich in mir aus. Auf der Trompete eiferte ich den Jazzstars der damaligen Zeit nach und hatte bei Schulfeiern bereits kleine Auftritte. Meine Zukunft war klar: In Brasilien kochen wie der Teufel und dann noch jazzen und die Hüften schwingen.

Horizonterweiterungen

1966 kurz vor den Ferien war die Schule endlich geschafft und die Lehrstelle als Koch schon reserviert. Ich war fast siebzehn und sah auch so aus – eine magere Jammergestalt. Meinen Vater packte fast die Verzweiflung. Für richtiges Mannestum galten ihm noch immer die Maßstäbe der Hitlerjugend, in der er seine Bubenzeit verbracht hatte: zäh wie Leder, hart wie Kruppstahl, flink wie ein Windhund. Bei mir ließ sich nichts von alledem feststellen, ich war ein sortenreiner Schwächling. Im Zuge pubertärer Wirrnisse schwollen obendrein meine Brustwarzen an, und es verschatteten sich die sonst so optimistischen Gesichtszüge meines Erzeugers. «Auch noch schwul», stöhnte er.

Mir war ständig flau, und als sich mein Eintritt in die Kochlehre verzögerte, sollte ich die halbjährige Wartezeit mit einem Metzgervolontariat ausfüllen. Morgens um fünf fuhr der Bus von Schwäbisch Gmünd nach Heubach. Ich war der einzige männliche Insasse, denn in Heubach am Rande der schwäbischen Alb residierte neben der Metzgerei «Zum deutschen Kaiser» auch die Miederfirma «Triumph». So saßen in dem Bus lauter Näherinnen, die täglich dafür sorgten, dass nach dem Slogan «Triumph krönt die Figur» das zur Geltung kam, was mich bis heute neben dem Kochen am meisten fasziniert.

Am ersten Tag nahm mich Paul Vogel, der Metzgermeister, in Empfang. Oder soll ich zugeben, dass er mich fast über die Schwelle des Schlachthauses tragen musste? Denn im hinteren Geviert der hellgekachelten Halle schrien die Schweine gottserbärmlich. Eine nasse, fettglatte Treppe ging es hinab in eine dampfende Halle. «Betrittst du diesen Ort, lass alle Hoffnung fahren.» Mir war, als sei ich in der Hölle angekommen.

Es war gerade Schlachtzeit. Einige Viecher hingen bereits am Haken, und ich war vor Schreck fast so tot wie die hellweiß geschrubbten, samtig rasierten Wutze. Schon bekam ich Gummistiefel verpasst, zog meine nagelneue schwarzweiß gestreifte Metzgersjacke an, und der Meister legte mir einen Gummischurz um. Allgemein hält man Metzger ja für brutal, aber es ist wie bei Boxern: Man muss sich vor ihnen längst nicht so fürchten wie vor Softies oder sonstigen Angstbeißern. Der Meister war geradezu gütig, und das rettete mich sicherlich. Er nahm mir etwas die Angst vor dem Lärm, den animalischen Gerüchen und dem rauen Umgangston der Gesellen. Nach und nach führte er mich an die Rituale des Tötens und den damit verbundenen Respekt vor der Kreatur heran. Obwohl mir das Hausschlachten aus Opas Waschküche wohlbekannt war, empfand ich diese professionelle Welt als unheimlich. Ein schreiendes Schwein, das war ja noch auszuhalten, aber zwanzig, das kam mir schon irgendwie vor wie Massenmord.

Mit einer Art eisernen Astgabel fährt man den Tieren ins Genick. Ein Stromstoß streckt sie hin, sie zittern und recken sich in spastischen Zuckungen, die Vorderbeine fahren in die Höhe, als wollten sie noch einmal nach dem Leben greifen. Eine Minute später liegen sie der Länge nach in heißem Wasser. Man muss sich den Ort des Geschehens wie eine riesige Badewanne vorstellen, die an der hinteren Seite viele Metallgelenke mit Gummilappen hat. Die recken sich der Sau entgegen, als wollten sie das Tier kitzeln und kraulen und es vergessen machen, dass es gerade umgebracht worden ist. Anders gesagt: Es sieht aus, als schrappten vielerlei Zungen über die Haut des Viehs. Hautfetzen und Borsten bleiben daran hängen und verschwinden diskret im Schlund der Maschine.

Das alles geht rasend schnell, und keine zwei Minuten später hängt das Tier am Haken. An einer dicken Eisenschiene ähnlich einem Geleise werden die Kreaturen weitergeschoben. Mit dem Kopf nach unten reiht sich Sau an Sau. Man könnte von einer Perlenschnur der kulinarischen Grundversorgung sprechen, doch ich verspürte damals keinerlei poetische Anwandlungen, es schüttelte mich vielmehr vor Grausen. Gleichzeitig war mir klar, dass ohne Tötungsakt keine Koteletts, Schinken oder köstliche Wurst zu haben sind. Trotz des enormen Arbeitstempos war das montägliche Schlachten der zweiundzwanzig Schweine weit entfernt von industrieller Routine, die Gesellen arbeiteten vielmehr mit professioneller Hingabe.

An den Hinterbeinen hingen die Schweine still und abwesenden Blicks. Der älteste Geselle stach in die Halsschlagader, und mit dunklem Strahl schoss das Blut in den Eimer. Mir hatte man einen Stock in die Hand gedrückt: «Vincent, rühr, so schnell du kannst!» Das hätte er mir nicht zu sagen brauchen, denn ich war ja quasi in der Metzelsuppe aufgewachsen. Und trotzdem, ich kam nicht umhin, die Geschicklichkeit der Metzgergesellen zu bewundern, es waren Artisten im Umgang mit dem Messer.

Der Altgeselle – ich glaube, er hieß Josef – schlitzte die Bäuche auf, stach oben in den After und fuhr mit einem zügigen Schnitt mitten durch den Bauch in Richtung Saukopf. Das Messer muss man immer ganz flach an der Bauchdecke halten. Ragte es steil ins Dunkel, würden unweigerlich die Därme angeritzt und ergösse sich der übelriechende Verdauungsbrei auf saubere Körperteile. Weit kam das sausende Messer nicht, die Rippenbögen beendeten seinen Schwung. An ihnen hängt das Zwerchfell, das die Bauchhöhle teilt. Zum Kopf hin werden die Innereien hochwertig: Magen, Herz, Leber, Lunge, Milz und Nieren. In der Mitte der Brust ächzte das Messer durch die Knorpel, nun war die Sau ganz geöffnet. Mit einem Schnitt wurden die an der Luftröhre hängenden Organe abgetrennt und das Schwein entleert. Sowie die Tiere von den Innereien befreit waren, wirkten sie schlagartig anonym. Nun empfand ich kein Mitgefühl mehr für die entseelte Kreatur, sondern wurde Zeuge der Fleischwerdung.

«Herz-Leber-Lung'-Spitz-Futz-Arschloch-Zung»!

Ein Spruch aus dem Elsass und für mich einer der schönsten Reime der abendländischen Kultur. Eingeweide haben einen intensiven, sinnlichen Geruch, und je tiefer Kochen und Essen in einem Volk verankert sind, desto mehr Sorgfalt verwendet es auf die Zubereitung von Innereien. Im Gegensatz zum aus der Bauchhöhle quellenden Gedärm riecht das blanke Fleisch keineswegs so intensiv, erinnert bereits nicht mehr an den Tod, sondern verströmt bemerkenswert lebendige Frische.

Der Metzgertag ist wahnsinnig anstrengend. Nach der Zehnstundenfron waren die Säue tot, die Därme gefüllt und als Würste gekocht, hingen im Heißrauch oder lagen bereits in der Kühltheke des Ladengeschäfts. Doch nicht nur die Säue waren hinüber, auch ich war nur noch halb lebendig. Der Dienst in der Wurstküche hatte morgens um sechs begonnen, nun war es nachmittags um vier. Kaum hatte ich mich in der Abenddämmerung zum Bus geschleppt, schlief ich auch schon ein. Die Näherinnen der Miederwarenfabrik hatten ebenso spät Feierabend und mussten genauso schuften. Dennoch hatten sie stets die Kraft, mich zu wecken und in der Nähe des Elternhauses aus dem Bus zu schubsen.

Für Mama war mein Metzgerhorror eine tolle Sache, hatte ich doch jeden Abend eine Tüte Wurst als Naturallohn in meinem Ränzlein. Das Abendessen war gesichert. Kaum zu Hause angekommen, ließ ich mich auf einen Stuhl plumpsen, als laste die ganze Welt auf meinen Schultern. Mama kapierte seit dem ersten Arbeitstag: Der Held der Arbeit brauchte Trost. Der allerdings hielt sich in Grenzen, denn auch Mama war von der BdM-Tradition geprägt. So strich sie mir bestimmt immer wieder ermunternd übers Haar, in meinem Gedächtnis festgefressen hat sich aber vor allem das niederschmetternde: «Sei nicht so'n Weichmann.»

Obschon ich nach solcher Schufterei für geistige Anregungen nicht mehr offen war, ließ der Großvater wie gewohnt die alten Griechen am Tisch aufmarschieren, und Papa salbaderte von Gourmandisen. Der Begriff «Hobbykoch» war im Schwange. 1959 hatten in der Schweiz erstmals wackere Männer zusammengefunden und sich Kochmützen aufgestülpt. Deren Größe variierte nach Rang: Die Mütze eines Grand Maître beispielsweise war so hoch, dass sich damit nur in großbürgerlichen, drei Meter hohen Salons agieren ließ. Doch aus dieser Schicht stammten schließlich auch die ersten Mitglieder der «Confrèrie de la Marmite», was so viel bedeutet wie «Bruderschaft des Kochtopfs».

Die Idee überschritt bald schon die Grenze nach Deutschland, und mein Vater war von der ersten Stunde an dabei. «Corps Culinaire» nannte sich der 1963 gegründete Klub in Göppingen. In einer Rede an seine Kochbrüder sprach Vater über «Das Kochen mit der Seele suchen», nannte seinen Verein aber auch «Lach- und Kochgesellschaft» und pflegte Oscar Wilde zu zitieren, der meinte, nach einem guten Essen könne man sogar seinen Verwandten vergeben.

Gern unternahm Papa Gedankenreisen zu den großen Köchen des alten Frankreichs. Er schaute überhaupt immer öfter ins benachbarte Ausland und setzte seine Gelüste dann auch in die Tat um. Das Gros der deutschen Bevölkerung mampfte damals noch unverdrossen in «Mampes guter Stube» oder im Restaurant «Volle Pulle». Erste Wagemutige zog es auch ins Land, wo die Zitronen blühten. In Rimini ließen sie sich das Fell verbrennen und verlangten in den Trattorien nach Spaghetti, die ebenso weich gekocht zu sein hatten wie Spätzle. Papa und die angeblich «besseren Kreise» waren derweil schon als Gourmets unterwegs und überprüften, wie es in Frankreich und Italien um die Kulinarik stand.

Immer wieder mieteten er und seine Chefköche sich einen Kleinbus und ließen sich zu einem Kochkurs kutschieren. Ammerschwihr hieß der elsässische Wallfahrtsort, wo ein gewisser Pierre Gaertner in seinem Restaurant «Aux armes de France» interessierte Deutsche auf die richtige kulinarische Spur bugsierte. Frauen waren in dieser Zeit bei den Kursen der Küchentaliban noch nicht zugelassen. Einmal im Jahr aber kochten die Mitglieder des Klubs, den es heute noch gibt, für den weiblichen Anhang. Da ging es immer höchst nervös zu, denn insgeheim wussten die Kerle, dass ihre Frauen ihnen überlegen waren.

Besonders gefürchtet war die Frau eines ausgewiesenen Weinfreunds und versierten Lebenskünstlers. Der wusste, was er wollte, weshalb er nicht im Auto durch die Gegend fuhr, sondern sich chauffieren ließ. Nach der alkoholschwangeren Kocherei lieferten die Kumpane den übel Angesoffenen zu Hause ab, stellten ihn auf die Füße und lehnten ihn an die Haustür. Dann drückten sie die Klingel und verdufteten. Wenn die Gattin zu nachtschlafender Zeit besorgt die Tür öffnete, fiel ihr der Männe ungebremst in die Arme.

Die kochenden Kerle hatten alle Tricks drauf, wie man gut durchs Leben kommt. Wieder und wieder fuhren sie nach Frankreich und tranken sich durch die burgundischen Weinberge. Die Frauen mitzunehmen in Drei-Sterne-Schuppen wie Illhäusern, Bocuse, Pic in Valence oder gar zu Fernand Point, das wäre freilich zu teuer gewesen. Während sich andere deutsche Pfadfinder in Jugoslawien mit Ćevapčići und Slibowitz oder in Italien mit «wurstel con krauti» und Bastflaschenchianti fertigmachten, war die deutsche Sektion der Marmiten heftig bestrebt, die Einkünfte des Wirtschaftswunders auf gehobene Weise in ihren Bauchumfang zu investieren.

Eines Tages fuhr mein Vater wegen eines einzigen Essens nach Berlin in die Rankestraße. Dort schwang im «Restaurant Ritz» ein gewisser Werner Fischer den Kochlöffel. Der weitgereiste Küchenmeister ist fast vergessen, da er mit seinen Ideen viel zu früh dran war. Aus heutiger Sicht müsste man ihn mit seiner chinesisch beeinflussten, sehr persönlichen Küche wohl als Fusion-Pionier bezeichnen. In seinem bereits 1963 erschienenen Kochbuch zitiert er den Weltreisenden Sven Hedin, der berichtet, sein tibetischer Diener habe sich erbrechen müssen, als der Forscher eine Ente am Spieß briet. Man erfährt auch, dass ein Tuareg, den Werner Fischer kennengelernt hatte, vor dem Geruch eines Matjesherings die Flucht ergriffen habe. Der Meisterkoch machte den Gourmets mit seiner Küche deutlich, dass andere Völker andere Sitten haben und die eigene Weltanschauung nicht die einzige auf der Welt ist. Er interessierte sich für fremde Kulturen, war ein

Vorkämpfer gegen Voreingenommenheit und ebnete den Weg für exotische Genüsse, die in den Kriegsjahren abhandengekommen waren.

Fischer zelebrierte eine astreine Ethno-Küche. In heftigem «Cross-Over» briet er Schlangen und Krokodilfleisch, röstete Honigbienen und Heuschrecken oder buk Igel in einer Lehmhülle. Heutzutage ließen sich viele seiner Gerichte nicht mehr mit dem Tierschutz vereinbaren. Damals waren aber von allen Arten noch genügend Exemplare vorhanden. Und hätten sich mit deren Zubereitung nur gute Köche beschäftigt, wäre so manche Spezies bis heute nicht ausgerottet. Werner Fischer hantierte mit Moschus-Lachs, der sibirischen Methode des Lachsbeizens; Lotoswurzeln wurden gekocht, Straußen- und Emu-Eier kamen zum Einsatz. Gut erinnere ich mich, wie durch Fischers Einfluss Schildkrötenfleisch in Deutschland in Mode kam und dass die Firma Lacroix daraufhin exquisite Döschen herstellte. Schildkrötensuppe nature oder mit Curryschaum war eine absolute Delikatesse.

Noch exotischeres Terrain betrat Fischer, als er eine Pfauensuppe ins Repertoire aufnahm, deren Rezeptur (vier Stunden pfleglich kochen) er in seinem Buch genau beschrieb. Auch die in der Nähe von Kanton gefangenen Steinechsen hatten es ihm sehr angetan. Er besorgte sich extra Bambusspieße, um die Viecher originalgetreu darauf zu präparieren. In seinem Restaurant war Schwalbennestersuppe neben der Haifischflossensuppe der große Erfolg. Schwalbennester aus Burma oder Madagaskar waren allen anderen vorzuziehen. Das Besondere an dieser Suppe ist der Geschmack des Speichels, mit dem die Vögel dürre Gräser und anderes zu panzerartigen Halbkugeln zusammenkleben. In Fischers Restaurant wurden solche Exotengerichte tatsächlich zubereitet; für den normalen Koch aber blieben sie unerreichbar, was man aus heutiger Sicht nicht bedauern muss.

Solcherart Küche trug dazu bei, das Fernweh der Deutschen in Schwung zu bringen. Wer es nicht nach Rimini, Jugoslawien oder an die Costa Brava schaffte, der kochte wenigstens «auswärts». Indonesische Gerichte waren in den sechziger Jahren äußerst populär. Die Zutaten kamen aus Holland, das dank seiner kolonialen Vergangenheit Zugang dazu hatte. Die Firma Conimex ist heute noch berühmt für ihr Sambal Manis oder Sambal Oelek.

Endlich Koch

Der September hatte begonnen, und mein Metzgervolontariat ging zu Ende: Die Kochlehre im Badischen war nun fällig. Lörrach kam mir weit entfernt vor, als der Mercedes Diesel die endlose Autobahn Richtung Süden nagelte. Mir war mulmig, und meine Mutter merkte das. Auch ihr war offensichtlich nicht ganz wohl – ich würde nun außer Reichweite ihres Matriarchats rücken. Zusammen saßen wir auf der Rückbank, Mama hielt mir die Hand. Eine Art elektrischer Kreislauf floss zwischen uns. Ich spürte die Kraft, die sie mir zukommen ließ. Die Autobahn schien mir als ein helles Band, das die Sonne steil von oben ausleuchtete. Wir bewegten uns in einer fast gespenstischen Atmosphäre, nirgends war ein Auto auszumachen.

Waren wir die Einzigen, die sich so weit in die Ferne wagten? Hatten die Menschen sich verkrümelt, weil sie apokalyptische Veränderungen befürchteten? Solcherlei Gedanken gingen mir durch den Kopf. Doch am heftigsten war das Gefühl, verstoßen zu werden, genau wie damals, als die Eltern mich ins Internat verfrachtet hatten. Noch wusste ich nicht, dass es ohne Mühe, Ängste und Risiken kein menschliches Fortkommen geben kann.

Mit seinem gastronomischen Wissen und seinen Verbindungen hatte Papa für mich die beste Lehrstelle ausgewählt, die er kannte. In unseren heimatlichen Gefilden wurde nicht viel geboten. Es gab im Schwäbischen Wald die berühmte

«Sonne Post», aber das war wohl zu nah, zu wenig exotisch. Die badische Gastronomie hingegen befand sich dank Einflüssen aus der Schweiz und vor allem aus dem Elsass auf einem Niveau, das in Deutschland wohl einzigartig war. In Lörrach, genauer gesagt in Inzlingen, einen Steinwurf von der Schweizer Grenze entfernt, wirkte Papas Freund und Confrère der Chaîne des Rôtisseurs Walter Haas. Die Chaîne des Rôtisseurs ist heute noch ein Klub von Connaisseuren, dem damals auch der badische Küchengott Rudolf Katzenberger in Rastatt angehörte oder Helmut Gietz im «Erbprinz» zu Ettlingen.

Von Lörrach zog sich die Bundesstraße nach Rheinfelden in gemütlichen Kurven bergan, bis auf einer Kuppe das Gasthaus «Waidhof» zu erblicken war. Es wirkte stattlich und putzig zugleich. Der Patron des gepflegten Landgasthofs sorgte für die kulinarische Betreuung des Außenministeriums der Republik und leitete bei Diplomatenessen im In- und Ausland den Ablauf der Staatsbankette. In seiner Abwesenheit führte seine tüchtige Ehefrau den «Waidhof». Diese romantische Stätte sollte meine Lebensumstände gründlich verändern.

Die Eltern waren wieder auf dem Heimweg, und schon ging's Schlag auf Schlag. Als Erstes erhielt ich einen gewaltigen Anschiss, weil ich einen Befehl des berühmten Kochs nicht sofort mit «Jawoll» quittiert hatte. Der Patron hatte im Krieg als Militärkoch gedient, und wie anderen Leuten seines Alters – man denke nur an meinen Vater – war auch ihm die völkische Erziehung dermaßen eingeprügelt worden, dass der Kasernenton der Normalfall war. Als ich folgsam «Jawoll» rief, hielt der Chef sich die hohle Hand ans Ohr und zeterte: «Ich höre nichts!» War ich bei einem Irren gelandet? Aus Leibeskräften schleuderte ich ein «Jawoll» zurück, doch nun brüllte der Meister wie am Spieß: «Es muss heißen: ‹Jawoll, Herr Haas.› Haas isch min Name!»

Eine Kaskade von Schimpfwörtern prasselte über mich hernieder, von denen ich außer «Sauschwabe» – was hier so viel wie «Untermensch» bedeutete – rein nichts verstand. Die badischen Chauvis kommen bis heute nicht auf den Gedanken, ihr Dialekt könnte schwer verständlich sein. Für sie sind alle Anderssprechenden einfach zu blöd, um ihre wunderbare Sprache zu verstehen. Diese ist nahezu identisch mit dem Schwyzertütsch, und die badischen Sturköpfe sind überzeugt, die Schweizer hätten sie ihnen gestohlen.

Meister Haas donnerte: «Klink, ras hinüber auf die andere Seite der Bundesstraße und stell dich unter den Birnbaum!» Flatternd vor Angst flitzte ich hinten zur Küche hinaus, umrundete das Haus und ging auf Posten. Nun dröhnte der Chef über die Straße hinweg: «Klink, los, sing ein Lied!» Vor lauter Panik war ich wie gelähmt, mir fiel absolut nichts ein. Die Zeit schien stillzustehen. Dann tat sie doch noch einen Ruck, und ich flüchtete mich in das Volkslied «Auf de schwäb'sche Eisebahne». Es war noch keine Essenszeit, die Bediensteten des Gasthauses warteten auf Gäste. Jetzt lehnten sie an den Fenstern und hielten sich vor Lachen die Bäuche. Der Alte krächzte: «Lauter, wir hören nichts!» Ich röchelte mit tränenerstickter Stimme. Die Insassen der vorbeifahrenden Autos dachten bestenfalls, hier werde ein Film gedreht, oder aber, hier sei jemand am Überschnappen. Heute glaube ich zu wissen, warum dieses erniedrigende Programm ablief: Meister Haas wollte meinem Vater einen Gefallen tun und das verweichlichte Söhnchen von Anfang an in den Senkel stellen.

Meine Aufgaben waren so simpel und eintönig wie die ständigen Rüffel. Morgens mussten zuallererst die Stiefel des

Chefs geputzt werden: «Die müssen glänzen wie ein Affenarsch, du Arsch!» Hatte ich das erledigt, stellte ich sie auf einen mit Kacheln gefließten Absatz neben dem Herd, damit sie schön warm waren, wenn der Patron, meist in Strümpfen, die Treppe herunterkam. Es waren braune, handgefertigte Schnürschuhe, die weit über den Knöchel reichten. Der Patron legte auch sonst großen Wert auf sein Aussehen: Er war sonnengebräunt, hatte volle Lippen, graumeliertes Lockenhaar bis in den Nacken, war weder dick noch dünn – kurzum, er verfügte über alle Attribute eines Ladykillers. Doch damit ging er nicht hausieren, sondern war seiner Frau fast sklavisch ergeben. Die beiden hatten einen warmherzigen Umgang und liebten einander wirklich.

Noch vor dem Frühstück mussten die Schweine versorgt werden, fünf Stück grunzten im Schuppen hinter dem Hof. Weit und breit waren sie die einzigen Lebewesen, von denen ich nichts zu befürchten hatte, weshalb ich an ihnen meinen Frust ausließ. Ab und an bekam eine Sau, die ich «die Stellvertreterin» nannte, einen Tritt, der eigentlich dem Chef gegolten hätte. Auf Anweisungen des Oberstifts, dem Lehrling im dritten Jahr, vermengte ich Essensreste mit Wasser und dickte sie anschließend mit Weizenkleie zu einem Brei ein. Meine Herkunft als Tierarztsohn nützte mir dabei herzlich wenig. Im Gegenteil: Als eine Sau verreckte, wurde mir daraus fast ein Strick gedreht. «Vincent, du häsch verschisse uff Läbzitta» (auf Lebzeiten verschissen), zischte der Alte. Der Rest der Schweineherde war jedoch topfit – die Tiere genossen eine riesige Wiese als Auslauf, auf mindestens einem Quadratkilometer flitzten sie hin und her. Artgerechter kann man so eine Schweinefamilie wirklich nicht halten.

Meine eigentliche Arbeit begann um neun Uhr morgens.

Ich musste für die anderen Köche das Frühstück herrichten. Als Unterlehrling, vulgo Jungstift, war man der Depp vom Dienst. Alle widerlichen Arbeiten wurden vom Oberstift auf den Unterstift abgewälzt, was bedeutete, dass sich das Dasein in dieser Arbeitsstätte mit der Zeit erträglicher gestaltete. Mein Nachfolger war aber erst in einem Jahr zu erwarten, deshalb konnte ich nichts nach unten weiterdelegieren, sondern hetzte von morgens bis abends herum.

Zuerst einmal fungierte ich als Kartoffelkönig. Die Knollen lagen im Keller ordentlich in einer Ecke auf dem Boden aus gestampfter Erde. Eimerweise holte ich sie von dort, um sie zu waschen und zu schälen. Natürlich gab es auch Salzkartoffeln oder Püree auf der Speisekarte, doch die Krönung waren Pommes frites. 1967 waren die Deutschen schon Reiseweltmeister, und im Gepäck hatten sie unter anderem die Sehnsucht nach den Pommes. Wir, ein wirklich innovativer Betrieb, verfügten über eine thermostatgesteuerte Friteuse, ein hochmodernes Gerät. Noch waren Pommes frites etwas ganz Besonderes, vorblanchierte gefrorene Halbfabrikate wie heute gab es damals nicht.

Die Kartoffeln wurden dafür in Scheiben und dann in halbzentimeterdicke Stäbe geschnitten. Die Friteuse hatte zwei Bäder, im weniger heißen wurden die Kartoffelstifte vorbereitet. Gute Pommes entstehen nämlich nicht hau ruck, sondern in zwei Arbeitsgängen. Also erst einmal vorgaren bei milder Hitze, bis sie weich sind. So vorbereitet warteten sie auf den finalen Einsatz, beispielsweise als Begleitung des berühmten «Waidhof»-Schnitzels. Dieses war eine Variation des Cordon bleu: Zwei dünne Kalbsschnitzel waren mit Schinken und Käse zu füllen, dann aber nicht in Bröseln zu wenden, sondern nur in Ei zu backen wie ein Mailänder Schnitzel. Kurz bevor das Schnitzel vom Saucier auf den Teller befördert wurde, kam eine Handvoll Pommes in den Friteusenkorb und dann in das fast rauchend heiße Fett. In diesem zweiten Fettbad wurden sie innerhalb einer halben Minute knusprig, außen rösch und innen weich.

Eine weitere «Waidhof»-Spezialität war die Gordon's-Gin-Tomate. Das war eine Suppe, und die ging so: Mit Thymian gewürzter Tomatensaft wurde erhitzt, mit Pfeffer und Salz abgeschmeckt und mit frischen Tomatenwürfeln und Gelatine versehen. In Kaffeetassen gefüllt, erstarrte die Mischung im Kühlhaus. Zum Servieren stürzte man die Kugeln auf einen Teller. In die Mitte wurden zwei Lauchdreiecke gesteckt, so kam das Kunstwerk einer echt aussehenden Tomate sehr nahe. Mit dem Flambierwagen kurvte man zum Tisch des Gastes, erhitzte eine Pfanne und schwitzte darin Schalotten und dünne Champignonscheiben in Butter an. Die verblüffend echt aussehenden «Tomaten» schob der Meister dann in die Pfanne. Nun kam der gewaltige Effekt des Flambierens. Der Patron tröpfelte Gordon's Gin in die Pfanne, um diese dann so weit von der Gasflamme zu ziehen, dass sich der Alkoholdampf entzündete und die «Tomaten» brennend zu Suppe zerschmolzen. Nach diesem sensationellen Schöpfungsakt wurde etwas Sahne unter die Suppe gerührt und vor dem Gast in Tassen geschöpft.

Kochen hat auch mit Eitelkeit zu tun, denn die Fron ist hart, und Geld allein reicht nicht als Entschädigung dafür. Flambieren im Gastraum hat für den Gast unbedingten Unterhaltungswert und kommt auch dem Drang des Kochs nach Künstlertum entgegen. Eines Abends waren die Gäste jedoch so tief in ihre Unterhaltungen verstrickt, dass sie dem Chef keinerlei Aufmerksamkeit widmeten. Wie üblich assistierte ich, das heißt, ich bekam hinter dem Flambierwagen, von den Gästen nicht einsehbar, gezielte Tritte gegen das Schienbein als Kommando, wann die Champignons in die Pfanne zu schieben seien, das Gas reguliert werden müsse oder ich die Schnapsflasche zu reichen habe.

Ich weiß nicht, ob Chef Haas der Missachtung wegen nicht richtig bei der Sache war oder ob er mit voller Absicht handelte. Jedenfalls schüttete er den gesamten Rest der Schnapsflasche auf einmal in die Pfanne. Die Explosion war gewaltig: Ein Feuerball versengte des Patrons Augenbrauen, auch der Haaransatz über der ohnehin schon zorngeröteten Stirn knisterte weg. «Flambier das Essen, nicht dich selbst!», hätte ich dem Chef am liebsten zugerufen, ließ es aber vorsichtshalber bleiben. Wegen der verkohlten Haare roch es wie beim Hufschmied nach angesengtem Horn. Nun endlich zollten die Gäste dem Feuerteufel die gebotene Aufmerksamkeit. Ich dagegen bekam beim Abgang gleich hinter der Gaststubentür eine ins Kreuz gehauen: Offenbar hatte ich mir ein Feixen nicht verkneifen können.

Ein Gericht gab es auf der Karte, das ich heute gern nachkochen würde, gäbe es da nicht ein kleines Problem. Das frischgebratene Wildschweinschnitzel hatte einen intensiven Duft, roch gewaltig nach Jagd und Abenteuer und war mit Spätzle, Preiselbeerbirne und Rosenkohl ein echter Herbst-Hit. Bloß hatte es mit Wildschwein nichts zu tun. Und das kam so.

Empfindsam, wie Schweine nun mal sind, merkten die Tiere unserer kleinen Herde, dass es im Herbst einem nach dem anderen an den Kragen ging. Früher war dafür ein Hausmetzger engagiert worden, doch da mein Vater mit meinen Metzgerkenntnissen gewaltig angegeben hatte, wurde ich nun verantwortlich für das Zeter und Mordio der Hausschlachtungen. Die begannen damit, dass im Morgengrauen alle Lehrlinge einer Sau hinterherhetzten. Dank ihrem üppigen Auslauf waren die Tiere schnell wie Raketen. Um einer Sau habhaft zu werden, blieb uns nichts anderes übrig, als sie so lange hin und her zu hetzen, bis ihr die Zunge aus dem Maul hing – uns Köchen allerdings auch. So waren wir bereits bei Tagesanbruch fix und fertig und hatten eine Stinkwut auf die Viecher. Die dickste Sau wollten wir als Beute. Hatten wir sie endlich im Schwitzkasten, kam schnell ein Strick um ihren Hals, und dann reagierten wir unseren Frust mit Tritten ab, was ihr einige Blutergüsse verursachte.

Der Oberstift hatte die Ehre, den Bolzenschussapparat zu laden und der bereits halbtoten Kreatur gegen die Stirn zu drücken: «Verdammte Drecksau!» Einmal war der Tötungsapparat jedoch eingerostet, der Bolzen steckte fest. Der Oberstift war mit den Nerven am Ende. Ein anderer rannte nach der Caramba-Öldose und spritzte eine gewaltige Ladung in die Waffe. Nun ließ sich der Bolzen bewegen. Ein Schuss löste sich, doch statt die Sau zu fällen, hatte der «Waffenmeister» sich den Bolzen beinah selbst in den Oberschenkel gerammt. Der nächste Schuss saß, dem Tier riss es die Beine weg. Mit vereinten Kräften wurde es in die Waschküche geschleift. Beim Schinkenpökeln, das Meister Haas selbst übernahm, wunderte er sich über die vielen dunklen Flecken im Fleisch. Wir murmelten irgendwas von einer seltsamen Krankheit, die der Sau schon zu Lebzeiten eine Menge blaue Flecken beschert habe.

Es lag also nah, solcherlei gedunkeltes Fleisch gleich umzutaufen. Die Fleischstücke kamen in eine Blut-Rotwein-Marinade und nahmen nach wenigen Tagen eine geheimnisvolle weinrote Farbe an. Gewürze wie Lorbeer, Wacholder, Piment, Nelke und etwas Kardamom förderten einen Wildgeschmack zutage, der jedes echte Wildschwein geadelt hätte. Unsere Säue von der Rasse «Deutsches Landschwein» waren dafür aber auch besonders gut geeignet, denn schließlich wuchsen sie äußerst gesund auf, ihr Fleisch war sehr aromatisch und wesentlich zarter als das der wilden Tiere. Letztlich waren die Gäste mit diesem Essen viel besser bedient als mit einer echten, meist zähen Wildsau. Ich empfehle deshalb, solcherlei Manipulation mal im privaten Rahmen auszuprobieren. In der Profiküche freilich würde sie mittlerweile als Warenunterschiebung geahndet.

Nichtsdestoweniger ließ ebendiese Verwandlung Marianne Koch zur Dichterin reifen: «Das Wildschwein war ein Götterfraß. Ein dreimal Hoch dem Meister Haas.» So steht es heute noch im Gästebuch des Landgasthofs.

Die Lehrzeit ist streng hierarchisch geordnet. Man startet in der Vorbereitung und in der kalten Küche beim Salat. Im zweiten Lehrjahr durfte ich dann endlich an den Herd. An dessen Längsseite arbeitet der Küchenchef, der Saucier, der die Zubereitung von Fleisch, Soßen und Fisch unter sich hat. Er kontrolliert mit einem Drehrad die Hitze des Herds. Dieses erinnert an den Brenner einer Ölheizung, der Herd funktioniert auch nach dem gleichen Prinzip: Dreht man an dem Rad, röhrt das Öl-Luft-Gemisch mit einer Stichflamme ins Innere des Ofens. Man kann wunderbar darauf kochen. In der Herdmitte glühen manche Stellen, gegen den Rand findet man weniger heiße Zonen, und weitab in den Ecken kann man das Essen warm halten. Die Hitze strahlt geradezu wütend, und wer an einem solchen Klotz arbeitet, kriegt bestimmt nie Rheuma, sondern schreitet als Rothaut durch die Welt.

Dem Saucier gegenüber arbeitet der Entremetier, der Gemüsekoch, der auch die Suppen und Beilagen herstellt. So einer war ich mittlerweile geworden und durfte nun auch am Herd werkeln. Nur ein Handlauf trennte mich von dem heißen Ungetüm. Das, was mir männlich zwischen den Beinen baumelte, wurde prekär überhitzt – vielleicht rührt daher der sprichwörtliche Jähzorn vieler Köche. Oha: Die Wildschweinschnitzel waren bereits vorne am Pass, also der Anrichte, und das Gemüse wurde auch schon auf den Teller gelegt. Nun musste ich ruck, zuck Spätzle liefern. Vor mir in der Herdplatte befand sich ein Eisendeckel mit einem kleinen Loch, dort hängte ich den Schürhaken ein und zog den Deckel weg. Auf die offene Flamme stellte ich rasch meine Pfanne. Das erforderte Übung, doch die hatte ich mir schnellstens antrainiert. Der Saucenkoch brachte nämlich die gegenüber hantierende Schlafmütze gern in Schwung: Er zog seinen eigenen Eisendeckel zur Seite und ließ aus seiner Pfanne etwas Öl in die offene Flamme schwappen. Brachte ich meine Pfanne nicht rechtzeitig in Position, zischte aus meinem Loch ein Feuerball, der meine sowieso schon glühende Birne zusätzlich röstete. Wahrscheinlich habe ich heute noch so schöne lange Wimpern, weil sich mein Körper angewöhnen musste, diese ständig nachwachsen zu lassen.

Meist stand mir Lochi gegenüber, der Küchenchef, der eigentlich Lochbrunner hieß. Er war groß, hatte dichtes schwarzes Haar, volle Kusslippen, große, gutmütige Augen und einige Narben im Gesicht. War er nach einem Zechgelage pfeilgrad in den scharfkantigen Kies einer Gartenwirtschaft gestürzt oder mit einigen Promille intus vom Moped gekippt und hatte den Rollsplitt geküsst? Gott sei Dank besaß der Mann Humor, denn bei ihm lud der Patron lastwagenweise Schimpf und Tadel ab für alle Fehler, die wir Lehrlinge machten. Doch der Humor allein reichte nicht: Im unteren Ofenloch hatte Lochi ständig ein Töpfchen mit Glühwein am «Marschieren». Der arme Packesel hatte ein saftiges Alkoholproblem, und weil er vom Patron ständig auf seine Alkoholfahne geprüft wurde, kam Lochi auf die Idee mit dem Glühwein: Die darin enthaltenen Gewürze, so dachte er, überdeckten den Alkoholgeruch. Darüber hinaus hortete er immer einen großen Vorrat Pfefferminzbonbons. Da Lochi, ein wirklich warmherziger Mann, uns Lehrlinge immer in Schutz nahm, guckten wir umgekehrt nach ihm und verhinderten das Schlimmste, wenn er mal wieder so durcheinander war, dass er die Madrascurrysauce übers Wildschwein schusseln wollte statt übers Kalbsfilet.

Lochi hatte vor vielen Jahren ebenfalls auf dem «Waidhof» gelernt, dann aber den Absprung nicht geschafft. Vielleicht war das gar nicht so schlecht, denn solche Betriebe sind auch Heimat, und obschon wir des Öfteren im Vesperstüble neben der Küche sinnierten, wie wir den Patron um die Ecke bringen könnten, richtig ernst war das nie gemeint.

Vor einigen Jahren kehrte ich an die Stätte meiner Ausbildung und kulinarischen Götterdämmerung zurück. In der Küche fauchte derselbe alte Herd wie ein wildes Tier, als wäre keine Zeit darüber hinweggegangen. Weiß emailliert stand er als Sinnbild der Unvergänglichkeit. Sein Innenleben ist aus Schamottsteinen gemauert, die Ofentüren sind aus stabilem Eisen, und die Kochplatte hat die Ausmaße einer Tischtennisplatte. Generationen junger Köche haben die Oberfläche zweimal täglich mit Stahlwolle berubbelt. Nach jedem Küchendienst fand diese Reinigung statt, und jedes Mal ging ein bisschen

Eisen verloren. Die Platte ist aber so dick, dass vierzig Jahre Mühe ihr kaum anzusehen sind, nur ist sie mittlerweile sanft gewellt. Die Töpfe und Pfannen stehen nicht mehr bündig darauf, doch das macht nichts. Glüht der Koloss, dann auch die Töpfe und Pfannen, die auf ihm stehen. Das Monstrum ist völlig launenfrei, absolut zuverlässig und deshalb immer noch in Diensten.

Köchlein auf Reisen

Immer mal wieder durfte ein Lehrling den Patron auf einer Auslandsreise begleiten. Das war natürlich aufregend, und eines Tages war ich dran: Zum ersten Mal stieg ich mit einem Flugzeug in die Lüfte. Eine Stunde später landeten wir in Mailand. Meine Aufgabe bestand unter anderem darin, meinem Chef die Koffer zu tragen und ihm einen standesgemäßen Auftritt zu verschaffen. Papa hatte mir etwas Geld geschickt, damit ich mir ein «Anzügle» kaufen konnte, und so trottete ich in Pepitakaros meinem Chef hinterher und kam mir unwiderstehlich vor.

Unser Ziel war das «Grandhotel Excelsior Gallia» an der Piazza Duca d'Aosta in der Nähe des Bahnhofs. Das Gebäude reckte sich über viele Stockwerke in den Himmel, ein wahres Prachtsmonstrum mit vielen Erkern, jugendstilverzierten Eisengeländern und insgesamt eine Orgie üppiger Ornamentik. So stellt man sich einen Palast vor, und ich kriegte vor Staunen das Maul kaum mehr zu. «Das dort drüben ist der Besitzer, der Herr Gallia. Musst dich nicht wundern, das kleine Männchen ist der Boss», erklärte mir der Patron. Wir gingen auf das Männchen zu, das auch beim Näherkommen nicht größer wurde. Ich durfte ihm die Hand geben, es sprach mit leiser, hoher Stimme ein «buon giorno», vermutlich auch ein «piacere». Immer wieder stelle ich fest, dass die wahrhaft mächtigen Männer nicht schreien müssen, um sich Gehör zu verschaffen. Herr Gallia sah aus wie ein pensionierter Stadtkämmerer, und sicher war das seine Methode der Machtausübung. Mir schwante schon damals, dass wirklich wichtige Leute oft betont unwichtig daherkommen.

In seinem Hotel sollte eine deutsche Spezialitätenwoche stattfinden, mit Sauerbraten als Haas'schem Aushängeschild, und ich war für die Produktion von Spätzle und Knödel zuständig. Der Chef erklärte einem Deutsch sprechenden Koch, was die Italiener zu tun hätten und was ich dazu beisteuern würde. Dann sah ich ihn kaum mehr, da er Besprechungen hatte. Das war mir gerade recht, denn so konnte ich draufloswursteln und mich langsam und ungestört in der neuen Umgebung zurechtfinden. Leicht fiel mir das keineswegs, ich taumelte vor Staunen am Rande einer Ohnmacht.

Die Küche hatte die Ausmaße einer Turnhalle. In der Mitte stand ein Hochstuhl, so eine Art Bockleiter mit einem Sitz obendrauf wie für einen Tennis-Schiedsrichter. Dort thronte und dröhnte der Küchendirektor und Herr über rund vierzig Köche. Unten an der Leiter stand ein Sklavenkoch, der dem Meister die Bestellzettel der Kellner hochreichte. «Due sogliole arroste, un' arragosta alla griglia, tre fettuccine al porcino» und so weiter und so fort. Der dicke Chefkoch hatte ein Megaphon vor dem Mund und brüllte wie am Spieß.

Ein paar Brocken Italienisch kannte ich, doch auch ohne diese wäre mir klar gewesen, dass, wenn alle drei Sekunden «porco dio» oder «mannaggia» gebrüllt wurde, in diesem Laden schwer was los war. Mich hatte der Zampano auf seinem Hochstuhl zum Glück noch nicht richtig wahrgenommen, weshalb ich zunächst verschont blieb. Den Kollegen ging es weniger gut, immer wieder würgten sie schnarrend das Wörtchen «stronzo» hervor, von dem ich tags darauf erfahren sollte, was es damit auf sich hatte: Eigentlich bedeutet es «Scheißhaufen, Kackwurst», doch verwendet wird es wie bei uns das «Arschloch». Schon auf dem «Waidhof» hatte ich gelernt, Flüche und Beschimpfungen nicht allzu ernst zu nehmen, denn oft versuchte der Oberkoch damit nur seine Unsicherheit zu kaschieren.

Die lärmende Hotelküche lag natürlich im Keller, fern der edlen Welt der vornehmen Kundschaft. Das «Ihr da oben, wir da unten» erlebten wir buchstäblich am eigenen Leib, wie Himmel und Hölle war es schon deshalb, weil oben die Aircondition angenehm temperierte, uns unten in der Küche hingegen das Wasser im Arsch kochte. Unsereiner galt damals keineswegs als «Herdkünstler» und Star, sondern mehr oder weniger als Knecht.

Dennoch sollte diese erste Auslandsreise beruflicher Natur meine Hoffnungen, irgendwann ein weltläufiges Leben zu führen, gewaltig anfachen. Schließlich hatte mein Vater mir einst die Kochlehre damit schmackhaft zu machen versucht, dass er die Weltoffenheit dieses Berufs lobte: «Als Koch kommsch naus in d'Welt!» Hier in Norditalien verspürte ich bereits etwas von südländischer Leichtigkeit, gepaart mit höchster Theatralik; außerdem hatten es mir die Gerichte angetan, die mir vorkamen, als hätte man die Sonne in Tellern und Töpfen gefangen.

Im «Grandhotel Excelsior Gallia» erfuhr ich endlich etwas über Pasta. Etwas abseits des allgemeinen Getümmels lag die Patisserie, der zentrale Raum zum Herstellen von Backwaren. Daneben befand sich ein großer heller Raum mit kühleren Temperaturen, und in diesem Mehlstaub-Biotop wurde alles Mögliche aus Nudelteig hergestellt. Chef war eine Frau, Rosanna, ein Kurvenwunder, und eine wahre Schönheit: Schmales Gesicht, die Augen schwarz und groß, die Nase lang und ebenfalls groß – das Gegenteil eines amerikanischen Stupsnäschens, das niedlich aussehen möchte, doch seine Trägerin meist dümmlich wirken lässt. Ihre Haare hatte sie so verwegen hochgesteckt, dass kräftige Büschel in alle Richtungen abstanden, wodurch ihre Frisur wirkte, als sei auf ihrem Kopf etwas explodiert. Sie trug eine weiße, elegante Kittelschürze, ähnlich einem Arztkittel. Die langen Bändel hatte sie unter ihrem balkonartigen Busen geschnürt. Ob wir es wollen oder nicht, wir Männer werden vom Erscheinungsbild der Mutter für den Rest des Lebens geprägt. Meine Mutter hatte eine Figur wie Sophia Loren, und entsprechend beschleunigte der Anblick dieser Nudelköchin meinen Puls.

Eigentlich war Rosanna ihrem Wesen nach so explosiv wie ihre Frisur, doch meine schüchterne Art weckte in ihr offenbar mütterliche Gefühle. Sie nahm mich unter ihre Fittiche, und wann immer ich auftauchte, um «mit den Augen zu stehlen», wie mein Vater das nannte, zeigte sie mir einige ihrer Tricks. So rieb sie mit Daumen und Zeigefinger am Teig, um dessen Konsistenz zu prüfen. Denn Nudelteig, den man durch die Maschine ließ, musste eine fast kartonartige Festigkeit haben. Für Tortellini, Agnolotti, Caramelle oder Ravioli hingegen brauchte es dehnbaren, weichen Teig. Der sehr feste Nudelteig wurde durch die große Auswellmaschine gedreht, die ellenbreiten Teigbahnen, die auf der anderen Seite herauskamen, wurden dann von Hand in die gewünschte Breite geschnitten. Gewalzte Pasta ist ungleich besser als die Massenware von heute, die meist durch fleischwolfähnliche Maschinen gequetscht wird.

Interessiert verfolgte ich Rosannas Tun, hielt die langen Teigbahnen, die sie immer wieder durch die fein eingestellten, elektrisch betriebenen Eisenwalzen der Maschine kurbelte. Diese erinnerte an eine Wäschemangel. Zum Staunen war auch das Mehl: Es war sehr gelb und hatte mit dem deutschen Weizenpuder nichts gemein. Semola di grano duro, Hartweizengrieß, macht die Nudeln gelber, als Eier es je könnten, und er sorgt für den berühmten Biss. Bei Rosanna kamen trotz der gelben Mehlfarbe zu alldem noch auf je ein Kilo Semola zwölf Eigelbe ins Gemenge. Das hört sich nicht gesund an, aber es schmeckt verdammt gut, denn Eigelb enthält Fett, und wo Fett ist, nistet sich das Aroma ein.

Aus solchem Teig gefältelte Tortellini haben heutzutage Seltenheitswert, doch in diesem Pastatempel wurde wertvolles italienisches Erbe gehütet. Zur «pasta fresca» – also zu allen Nudelsorten, die nicht getrocknet werden – gehört, dass sie nicht aus pappdeckelartigem Material zusammengebatzt werden. Nein, für die Tortellini beispielsweise schnitt man aus hauchdünnem Teig winzige Quadrate und setzte dann mit dem Spritzsack in eine der vier Ecken einen erbsengroßen Klacks Kalbfleischfarce, schlug die gegenüberliegende Ecke darüber und drückte die Kanten fest. So entstand ein Dreieck. Dieses wurde über den Zeigefinger gelegt, sodass ein Eck in Richtung Handgelenk zeigte. Die beiden anderen Enden wurden um den Finger gewickelt, wiederum fest zusammengedrückt und so miteinander verbunden. Dieses Halbfabrikat steckte nun wie ein Ring auf dem Zeigefinger, den man über den Nagel wegzog. Darauf nahm Rosanna den Daumen zu Hilfe und stülpte die Spitze in die andere Richtung.

Sie merken schon: Ich bin an die Grenze meiner Beschreibungskunst gestoßen, denn Rosannas Künste waren buchstäblich unbeschreiblich. Hinzu kommt, dass sich solch winzige Gebilde mit einer großen Männerhand sowieso kaum fertigen lassen. Diese Vorspeise war extrem arbeitsintensiv: Vier Tortellini füllten gerade mal einen Esslöffel, und für eine Portion musste mindestens ein Dutzend auf den Teller. Sie wurden in Salbeibutter geschwenkt, mit ein bisschen Parmesan bestreut, und fertig.

Der Bedarf an diesen Kunstwerken war enorm, weshalb auf Eisenschemeln ältere Frauen saßen, die den ganzen Tag nichts anderes machten, als diese Pastawinzlinge zusammenzupusseln. Insgesamt waren in Rosannas Reich mindesten zehn Arbeitskräfte zugange. Mir gingen die Augen über ob des Artenreichtums der Pasta. «Pasta fresca» gab es nämlich nicht nur als unterschiedlich gefüllte Teigtäschchen, weitere Artisten in diesem fulminanten Nudelzirkus waren Fettuccine, Tagliatelle, von Hand gezwirbelte Fusilli, die wie Korkenzieher aussahen, dünne Taglierini, ebenso dünne, aber abgeflachte Linguine, breite Pappardelle, um nur einige zu nennen.

In Mailand erhielt der Kochberuf ganz andere Dimensionen, tat sich mir eine neue Welt auf. Der Arbeitstag wurde zum Abenteuer. Das Hotel hatte einen offenen Grill, an dem Rotisseure ganze Milchlämmer, bistecca fiorentina und halbierte Hummer rösteten. Nach wie vor gibt es in Deutschland selbsternannte Italienkenner, die glauben, die Küche der Azzuri bestehe nur aus Pasta, Tomaten-Mozzarella-Salat, ein bisschen frutti di mare und damit Schluss. Von wegen! Im «Gallia» standen auf der Speisekarte auch «trippe», also Kutteln, sowie jede Menge weiterer Innereien, und dann gab es noch allerlei exotische kleine Vögelchen.

Ich hatte mich eigentlich nur um die Spätzle zu kümmern, und ein Spezialkoch unterstützte mich dabei. Die Italiener nannten ihren Sauerbraten «manzo alla California», was mich ziemlich erstaunte. Der Koch erklärte mir jedoch radebrechend in einer Mischung aus Englisch und Italienisch, «California» sei in diesem Fall eine Ortschaft bei Mailand, und dort lasse man den Braten so lange in Essig schmoren, bis er fast zerfalle.

Mit den schwäbischen Spätzle gab es allerdings ein Problem: Spätzle sind zart und weich, die Gäste aber waren Al-Dente-Nudeln gewohnt und äußerten deshalb öfters ihren Unmut. Von meiner Suevia-Pasta kam das meiste zurück. Ich reagierte stoisch und gab einfach nicht mehr so viel auf die Teller. Das erleichterte mein Küchendasein sehr und ließ mir Zeit, meine neugierige Nase in anderer Köche Gerichte zu stecken.

Nach Feierabend, so gegen zehn Uhr abends, musste ich mit Chef Haas noch in feine Restaurants. Ich trug seine Aktentasche und sah ganz gewiss nicht wie ein Bodyguard aus, doch als Privatsekretär wäre ich wohl durchgegangen. Gerne hätte ich die Stadt mal auf eigene Faust durchstöbert, aber er nahm es mit seiner Aufsichtspflicht sehr genau, vielleicht wollte er auch nicht allein sein, und als guter Unterhalter hatte ich mich schon oft bewährt. Italienisch konnte ich allerdings nur bruchstückhaft, der Chef ebenfalls. Umso eindringlicher erklärte er deshalb: «Kochen, das ist eine Weltsprache. Köche verstehen sich immer.» Und so war es auch. Unsere Zusammenarbeit mit den Kollegen funktionierte gut, weil die Italiener mit Grimassen und oft ausladender Zeichensprache für Verständnis sorgten.

War die Arbeit getan, konnte die Stadt uns Sprachunkundigen nicht mehr viel bieten. Nach dem Essen gingen wir deshalb jeden Abend in einen Sexfilm. Die hießen damals «Mondo Nudo» oder «Mondo Cane». Unter dem Deckmäntelchen des «Kulturfilms» wurden darin Riten und Sexgebräuche fremder Völker dargestellt. Mein Gott, war ich scharf, doch was sollte ich bloß mit meiner Schärfe tun? Es ist schon so: Köche leiden in der Regel unter Triebstau. Hatte ich während der klösterlichen Internatszeit schon keine Chance gehabt, an Mädchen heranzukommen, wurde das durch den Kochberuf kein bisschen besser: Bis das junge Köchlein spätnachts endlich frei hatte, war kein weibliches Wesen mehr unterwegs. So führte ich gezwungenermaßen ein gottgefälliges Leben. Allerdings, sinnierte ich, was mochte das für ein Gott sein, der Köchen missgönnte, Kinder in die Welt zu setzen? Kein Wunder, waren die Genussmenschen seit Menschengedenken in der Minderzahl. Der alte Haas freilich sagte nur: «Vincent, hör auf zu denken, schaff was, dann kriegst kein Kopfweh!»

Während wir in unseren Küchen eingekerkert waren, wo absolut feudalistische Zustände herrschten, ging draußen auf den Straßen – wir schrieben das Jahr 1968 – der Krawall los. Davon bekam ich nicht das Geringste mit, denn die Köche von damals lasen selten Zeitung. In jenen Tagen konnten Wirte noch richtig reich werden. Mein Lehrlingslohn dagegen belief sich im ersten Jahr auf 20, im zweiten auf 40 und im dritten auf 60 Mark im Monat. Ich spreche hier nicht vom Mittelalter, sondern von der Zeit, bevor Willy Brandt 1969 Kanzler wurde. Er unterband diese Art von Leibeigenschaft denn auch alsbald. Viel Geld brauchte ich allerdings ohnehin nicht, denn ich hatte in der Woche nur einen Tag frei, und an dem musste oft für den Seniorchef der Rasen gemäht oder der neue Mercedes 280 poliert werden, der ganze Stolz des Patrons, ein weißes, sehr schönes Auto mit Heckflossen.

Mir fehlte also die Muße, um auf dumme Gedanken zu kommen, und ich entwickelte mich, so besehen, recht wohlbehütet. Abwechslung kam in diese «Idylle» nur durch die immer wieder stattfindenden Auslandsreisen. Nach meinen erfolgreichen Tagen in Mailand war im Zürcher Kaufhaus Jelmoli eine deutsche Woche angesagt, wo ich als Spätzleweltmeister engagiert wurde. Das Auswärtige Amt der Bundesregierung schickte damals Musiker, Dichter und auch uns Köche immer wieder auf Werbetour. Mein Chef sollte dem Ausland insbesondere vorführen, dass Deutsche keine Barbaren sind und sich deshalb kulinarisch nicht auf Krautsalat, Sauerkraut und Schweinshaxen beschränkten. Selbstverständlich gab es auch in Zürich Sauerbraten als teutonisches Ostinato, der war allerdings wirklich eine Köstlichkeit. Mit den Spätzle hatte ich so meine Schwierigkeiten: Es musste Teig für siebenhundert Personen angerührt werden, nie hatte ich in diesen Dimensionen gearbeitet. Wie viel mochte das sein?

Nach meiner bis heute üblichen Methode «Wir fangen halt mal an» schüttelte ich einfach viel Mehl in eine riesige Wanne und klopfte dann hundert Eier dazu. Der Teig war viel zu dünn, es musste also mehr Mehl dran. Danach war der Teig natürlich zu dick. Also kamen wieder Eier dran, erneut war alles zu dünn, also her mit dem Mehl ... So ging es dahin, bis die riesige Knetmulde überlief, aber wenigstens stimmte die Konsistenz. Einen ganzen Tag lang schabte ich Spätzle, sie waren lang und dünn, und man konnte sie nur als wunderschön bezeichnen. Blöderweise blieb noch so viel Teig übrig, dass man damit alle Schweizer Täler hätte ausgießen können.

Ein einheimischer Kollege hatte die rettende Idee. «Mir lönd Wasser in dini Rieseschüssle, verdünnen de ganz Saich und lönd en s Loch ab.» Gesagt getan, wir ließen alles in den Ausguss laufen, der daraufhin streikte: Aus einem anderen Abwasserrohr muss sehr heißes Wasser auf unseren Mehl-Eier-Glibber getroffen sein. In den Rohren des feudalen Kaufhauses Jelmoli kam es jedenfalls zu einem Garungsprozess, der dem Spätzleteig zu betonartiger Festigkeit verhalf.

Ein Heer von «Rohrfrei»-Spezialisten rückte an und stocherte mit Spiralen in den Rohren. Zum Glück verstand ich die Schweizer Flüche nicht, so klammerte ich mich an die Devise des helvetischen Hilfskochs: «Schnurre zue und volli Deckig», also Schnauze halten und volle Deckung! Chef Haas war andernorts beschäftigt und bekam von alldem nichts mit.

Das Bankett lief an, zur Vorspeise gab es geräucherte Schwarzwaldforellen mit Sahnemeerrettich und Salat. Dann jedoch schlug das Schicksal zu.

Als der Hauptgang abgerufen wurde, zentnerten die Jelmoliköche die Spätzle in eine riesige Kippbratpfanne. Diese war nicht etwa mit Teflon beschichtet, sondern diente eigentlich zum Anrösten von Knochen, um daraus Jus zu fabrizieren. Die Spätzle waren also noch nicht warm geworden, da hatten sie sich schon am Pfannenboden festgebacken. Es wurde gekratzt und geschabt und das Gemenge mit einer Art Spaten verzweifelt umgegraben – und so endeten meine schönen, langen, dünnen Spätzle als gehäckselter Matsch. Chef Haas war außer sich: «A solcher Saich, a solcher Schissdreck, Buureköch!» Ja, damals vor der Bio- und Ökobewegung musste der Bauernstand für allerlei Beschimpfungen herhalten.

Von den Haas'schen Tiraden sind mir bis heute die Begriffe «Chnulleri», «Sauchaibe» und «Schwyzer Löli» in schöner Erinnerung geblieben. Doch das ist der Vorteil des Kochs gegenüber dem Schriftsteller: Seine Untaten werden recht schnell verdaut. Und hast du am einen Tag verloren, gewinnst du dafür tags darauf. Vielleicht sind deshalb so viele Köche begeisterte Fußballfans.

Einen Riesensieg trug die Haas-Klink-Mannschaft in Bonn davon. Es galt, die bayerische Landesvertretung zu bekochen, die in der idyllischen damaligen Bundeshauptstadt in einer besonders beschaulichen Nebenstraße lag. Man muss sich den bayerischen Palast der Diplomatie als Dependance des Münchner Hofbräuhauses vorstellen. Alle Keller des großen Gebäudes dienten der Volksbelustigung, und in diesem Trachten-Jodler-und-Bier-Stadl servierte der Lehrling Klink in Diensten des Botschafters der Deutschen Küche, Walter Haas, mit vielen Helfern Leberknödel und sonstiges Schweinernes der fettesten Art. Die Esser und Zecher waren von gewaltigen Bierfässern umstellt, ähnlich einer Wagenburg. Freilich dienten die Fässer nicht etwa der Dekoration, sondern enthielten köstlichen Trunk – und der floss in Strömen.

Als Schirmherr der Veranstaltung fungierte Hermann Höcherl, ein Polit-Unikum aus der lederhosigen Hardcore-Gegend um Regensburg. Auf seinem schultergepolsterten Trachtenjanker lastete große Verantwortung: Seines Zeichens amtete er damals als Minister für Ernährung, Land- und Forstwirtschaft. Ihm oblag es, dass Bier in Bayern nicht als steuerpflichtiges Genussmittel galt, sondern als Grundnahrungsmittel verteidigt und sogar subventioniert wurde. Er war ein mächtiger Mann und ließ sich, davon profitiert die strukturschwache Gegend des Bayerischen Waldes noch heute, extra eine Autobahn zu seinem Wochenendhäuschen bauen.

Klein gewachsen, doch stabil wie ein Bierkasten, pflanzte er sich gegen Ende der Veranstaltung inmitten der tosenden Biergesänge auf und röhrte um Ruhe. Der Boss aller Bauern wollte die Köche loben. Ich musste vortreten, und der Minister brüllte (Bayern brüllen gern) in höchsten Tönen seine Anerkennung ins rotbackige Volk. In der einen Hand hielt er ein

Stamperl Obstlerschnaps, das er mir überreichte. Mit der anderen ruderte er wild im Kartoffelsalat-Leberkäse-Schweinshaxn-Zigarren-und-Bier-Dunst herum und versuchte, gegen das dionysische Inferno anzukommen. Dabei parkte der Schwergewichtler seinen linken Fuß auf meinen Zehen und machte keinerlei Anstalten, mal den rechten zu belasten. Ich kam mir vor, als hätte man mich unter der Wolfsschanze eingeklemmt. Doch dank eisenharter Erziehung hielt ich durch, stierte mit verzerrtem Gesicht in die Politikermischpoke, die wohl glaubte, aus meiner Mimik sprächen totale Hingabe, Selbstaufopferung und kulinarische Inbrunst. Für Helden der Arbeit, insbesondere der Berufsgruppe, die um das Füllen eiserner Mägen besorgt war, hatte das Publikum schwer was übrig.

Neben mir stand die Küchenmannschaft, verlegen, aber mit glühenden Gesichtern. Wir Küchenbullen hoben ob der Anerkennung schier ab in Richtung des mit blau-weißem Kreppapier und Lampions verzierten Bayernhimmels. Dass wir es nicht taten, dafür sorgte der Haferlschuh des Ministers, der mich eisern am Boden festhielt. Da standen wir Malocher stocknüchtern inmitten des donnernden Beifalls, der überschallknalligen Blasmusik, dieser Politkirmes, des Brüllsaufens an langen Tischen, dieses Hochamts bayerischer Geselligkeit und kamen uns ziemlich deplatziert vor.

Wenig später wurde Höcherl verkündet, er werde den «Orden wider den tierischen Ernst» erhalten, und im Orkan der Freude wackelten die Wände dermaßen, dass der Statiker dieses Hotspots seinerseits einen Orden verdient hätte.

Tief in der Nacht räumten wir Bediensteten das Chaos auf, trockneten Bierpfützen, beseitigten zerbrochene Stühle und spülten unendlich viele Krüge. Da brach unversehens erneutes Getöse in unser mittlerweile stilles Werkeln. Oben auf der feudalen Kellertreppe stand ein Mann in einem aschfarbenen Anzug, der so verwaschen aussah wie des Eigentümers schmales Gesicht. Er spreizte terminatorhaft die Beine und tönte, als würde er einen neuen Papst ausrufen: «Heeh, ihr da unten, wisst's ihr, wo der Höcherl wohnen tut? Der liegt nämlich oben in meinem Taxi, und ihm fällt ums Arschlecken seine Adresse nicht mehr ein.»

Kellnerlatein

Am 16. März 1968 lautete die Schlagzeile der BILD-Zeitung: «Walter hat alle abgekocht.» Was war passiert? Haas hatte sich mit «Kalbsröllchen Colonia» am Wettbewerb «Rezept des Jahres» beteiligt. Aus den über 1100 Einsendungen gewann er den 1. Preis, eine Prämie von 5000 Mark. Das Rezept hatte er übrigens am Stammtisch einfach so hingeschrieben.

Ich muss die Dinger unbedingt mal wieder kochen, sie schmecken köstlich. Also: Ein Kalbsrückensteak wird sehr dünn geklopft. Wirklich dünn. Wir alle kennen die Rouladennadel oder den Zahnstocher, der Fleischwickel zusammenhält – es geht auch ohne. Denn wie Karton, zusammengerollt, sich immer wieder öffnen will, dünnes Papier hingegen nicht, so verhält es sich auch mit dem Fleisch: Je dünner es geklopft ist, desto weniger neigt es dazu, sich wieder zu entrollen. Also wird das Fleisch geklopft, bis man fast selbst bekloppt ist. Packt man das Fleisch dazu zwischen Plastikfolie, glitscht es williger auseinander. Dann wird Blattspinat mit Schalotten und etwas gehackter Sardelle in Butter angeschwitzt. Ist das Gemüse zusammengefallen, verteilt man es auf dem hauchdünnen Schnitzel. Dieses wird zusammengerollt und im Ofen ungefähr zehn Minuten gegart. Derweil schlägt man Butter schaumig und rötet sie mit Tomatenmark, außerdem kommen Pfeffer, Salz und Thymian daran. Die Kalbfleischröllchen werden mit Hollandaise überzogen, dann kommt ein Stückchen

Tomatenbutter drauf, und nun könnte man alles zusammen gratinieren, kann das aber auch sein lassen.

Nicht nur der Tomatenbutter wegen verkündete das Gericht kulinarische Morgenröte, auch sonst verloren deutsche Mampf-Klassiker wie Rostbraten, Maultaschen oder gemischter Braten zügig an Bedeutung. Die Kundschaft wünschte sich Ausgefalleneres und Feineres. Gemüse wurden nicht einfach auf den Teller gelegt, sondern schön säuberlich geschnitzt. Auf der einen Seite fanden große Fleischsteaks immer mehr Zuspruch, andererseits wurden Fleischstücke immer mehr tranchiert und mundgerecht auf den Teller drapiert. Die Forelle oder Seezunge legte man zwar nach wie vor im Gesamten auf den Teller und überließ den Gast seiner eigenen Fertigkeit, doch der Trend, Fische filiert anzurichten, war kaum aufzuhalten.

Der Kellnerberuf mit all seinen fachlichen Ansprüchen befreite sich langsam von altem Reglement, man könnte aber auch sagen, dass sich der Beruf verwässerte und das begann, was man heute als reines Tellerschleppen bezeichnet. Wirtschaftliche Zwänge spielten eine Rolle, das Gastronomiepersonal kam in besseren Lohn, die Kosten der Betriebe stiegen, und ein Heer von Arbeitskräften konnten sich die Restaurants umso weniger leisten, je höher die Löhne anstiegen.

Der freie Tag war vorüber, und in der Küche des «Waidhofs» lief gerade das morgendliche Gewerkel an. Der Chef hatte seine feinen Stiefelchen schon vom Wärmestövchen am Herd geholt und sich sein Frühstück einverleibt, da platzte er mitten in unser Treiben: «Vincent, zieh dir eine saubere Kochjacke an, eine Kellnerjacke kriegst du später. Hilf den Serviererinnen die Tische eindecken!»

Ich war entsetzt, denn ein Koch hält (ignoranterweise) nicht viel vom Kellnerberuf. Andererseits war ich immer gern in der Nähe der Chefin, die mit ihrer frohen Art und dem wunderbaren Dekolleté meinem Idealbild von Frau entsprach, ja unterschwellig vielleicht sogar als Mutterersatz herhalten musste. Frau Haas gab mir einen großen Kellnerinnen-Geldbeutel und bläute mir die folgenden Faustregeln ein: «Belabere den Gast nicht unnötig und beklecker ihn nur so, dass er es nicht merkt. Und wenn du schon keine Ahnung hast, dann sei wenigstens immer freundlich zu Diensten. Wenn du mal wirklich nicht mehr weiterweißt, dann sag zum Gast recht artig: ‹Einen Moment›, und renn brav zu mir. Ich helfe dir dann aus der Patsche!»

Noch am selben Abend servierte ich mich in die absolute Katastrophe. An einem Ecktisch saßen sieben Personen. Am Kopfende ein Herr, direkt vor mir drei Männer und gegenüber an der Holzvertäfelung drei Damen der angeblich besseren Gesellschaft. Einer von ihnen musste ich Wein nachschenken. Also lehnte ich mich über den Tisch, ergriff ihr Glas und goss in dünnem Strahl Burgunder nach. Das gefüllte Glas reichte ich mit der Linken über den Tisch, die Flasche hielt ich in der Rechten, während ich mich wieder tief vornüberbeugte. Da begann ein Herr rechts neben mir zu fluchen. Ich trat zurück und wunderte mich, warum er so unruhig auf seinem Hintern herumrutschte und an seinem Kragen fummelte. Plötzlich wurde mir klar, was passiert war: Als ich mich nach vorn gelehnt hatte, um der Dame ihr Glas hinzustellen, war die Pulle in der anderen Hand so weit in die Horizontale geraten, dass sich ihr Inhalt in den Kragen des Herrn ergossen hatte.

Die Chefin war drauf und dran, mich zu erwürgen, und ich glaubte mein Leben verwirkt zu haben. Doch auch hier galt die Maxime: «Tomorrow is another day!» Was ich veranstaltet hatte, nennt man im Berufsjargon «den Gast einseifen», wie ich später erfuhr. Es gibt unter Kellnern eine Menge solcher Fachbegriffe: Als «Dosenöffner» bezeichnet man einen starken Wein, dem man den Alkoholgehalt vordergründig nicht anmerkt. Solche Weine brauchen Machomännlein, um widerständige Damen anzududeln und dann aufs Zimmer abzuschleppen. Ober im Frack werden gern «Pinguine» genannt. Ganz unten in der Rangordnung der «Plattfußindianer» figurieren sogenannte «Kiestreter», also Leute, die in Gartenwirtschaften große Tabletts («Schlitten») mit Bier schleppen. Geht etwas schief und man muss einen Gast besänftigen, wird diesem «Zucker in den Arsch geblasen». Sind die Teller eines größeren Tisches abzutragen, bittet man die Kollegen: «Helft mir mal, den Tisch abzupumpen.»

Nach und nach bekam ich im Servieren immer mehr Übung. Zu einer schwarzen Hose hatte ich es inzwischen auch gebracht, und meine Hühnerbrust steckte in einer echten Kellnerjacke, sodass ich mich ziemlich jedem Gast überlegen fühlte. Als Koch lebte ich hinter der Front, konnte mich unbeobachtet meinem Handwerk widmen, was große Befriedigung bringt. Kellner ist auf alle Fälle auch ein schwieriges Handwerk, verlangt viel psychologisches Geschick, hat aber im dienstfeindlich geprägten Deutschland einen niedrigeren sozialen Stellenwert. Spannend war, dass ich nun vieler prominenter Gäste ansichtig wurde, und bald merkte ich, dass reiche oder berühmte Leute schwer einen an der Waffel haben können.

Nirgendwo lernt man so viel über seine Mitmenschen wie in diesem Beruf. Solche Erkenntnisse führen manchmal zu einer gewissen Kellnerkrankheit, die man auch Überheblichkeit oder Dünkel nennen könnte. Immer wieder gab es überraschende Momente. Unvergesslich, wie eines Abends eine schicke Dame, die mit einem älteren Herrn dinierte, ihre Handtasche zuschnappen ließ, um zur Toilette zu gehen. Von einem anderen Tisch brach ein jüngerer Herr in die gleiche Richtung auf – beide sah man nie wieder. Im Gastraum saßen nun an zwei verschiedenen Tischen zwei einsame Herzen, die warteten und warteten. Vergeblich. Gern erinnere ich mich auch an einen Gast, der genüsslich in eine Brotkante biss und danach hinter artig vorgehaltener Hand Brösel und die Trümmer eines sündhaft teuren Zahnimplantats hervorklaubte.

Richtig lustig wurde es, wenn Monsieur La Roche aus Basel in den knirschenden Kies vor das Restaurant kurvte. Der Milliardär hatte den Spleen, jedes Mal mit einem anderen Fahrzeug vorzufahren. Mal chauffierte er einen Rolls, mal einen MG Midget, einen Willy's Jeep, einen Ferrari oder ein altes Motorrad, und eines Tages kam er gar auf einem Fahrrad angestrampelt, dessen Hilfsmotor den Geist aufgegeben hatte. Der Tycoon hatte schöne Töchter, doch nicht nur ihretwegen bediente ich gern an seinem Tisch: Auch das Trinkgeld war immer so saftig, dass den anderen Gästen längst nicht mehr die Aufmerksamkeit zuteil wurde, die ihnen gebührte.

Herr La Roche war ein sehr warmherziger Mann und trotzdem ein Patron der ungeduldigen Sorte. Kaum saß er auf seinem Wirtshausstuhl, ging's schon los: «Herr Ober, wo bliebt's Bierli?» Alle zwei Minuten rief er danach, und ich konnte nur antworten: «Monsieur La Roche, Ihr Pils dauert sieben Minuten.» Sieben Minuten können lang sein, und schon wieder insistierte er. Nachdem ich seine «Stange» endlich apportiert hatte und wieder in Richtung Buffet wackelte, zitierte mich Herr La Roche erneut herrisch herbei: «Herr Ober!», wobei er als Schweizer das Wort «Ober» immer wie «Obbr» aussprach.

Ich stürzte zu ihm und nahm Haltung an. «Herr Obrr», wiederholte er nun in sehr zufriedenem Ton, «Herr Obrr, Sie mün's (müssen's) Bierli nümm bringe: Es isch scho do!»

Neben Herrn Haas und Frau Haas gab es übrigens einen Sohn. Uli lernte auch Koch, und zwar bei Rudolf Katzenberger, dem badischen Küchengott in Rastatt. An seinen freien Tagen musste Uli manchmal bei uns als Kellner aushelfen. Er war ein großgewachsener, schlanker Bursche und sah höchst elegant aus, wenn er vor dem Grill im Gastraum stand. Eines Abends waren alle Gäste schon gegangen, nur ein verliebtes Paar an einem kleinen Tisch in der Mitte des Restaurants hatte Raum und Zeit vergessen. Außer mir steckte noch ein Köchlein in einem Servierkittel, Roland. Die Chefs hatten gemerkt, dass es den Köchen nicht schadete, wenn sie die Probleme der Kellner kennenlernten. Roland stand unweit der lästigen Nachzügler, die keine Anstalten machten, die Stätte unserer Arbeit zu verlassen.

Er war eine Spezialbegabung, wir nannten ihn in Anlehnung an Buster Keaton den «Mann, der niemals lachte». Ohne eine Miene zu verziehen, stand er also dem Liebespaar gegenüber, während Uli Haas und ich uns mit aller Kraft das Lachen zu verkneifen suchten. Roland nämlich hörte den beiden Turteltauben ganz versunken zu und kommentierte ihr Gespräch, mal nickend, dann wieder den Kopf schüttelnd, entsprechend dem Gang der Konversation. Mit diesem Trick hatte er noch immer Erfolg gehabt und die Belauschten rasch dazu gebracht, das Feld zu räumen.

Uli unterdrückte einen Lachkrampf, lief vor Anstrengung dunkelrot an, und dann geschah es: Der Überdruck machte sich Luft. Doch nicht Gelächter störte die Stille des Moments, sondern ein jäh entweichendes Fürzchen des Chef-Sohns.

Darob wiederum schüttelte es mich dermaßen, dass auch mir ein veritabler Hosenwind entfuhr. Dieses Treiben verscheuchte die letzten Gäste dann doch auf einen Schlag, und es war endlich Feierabend.

Tatsächlich sind massenhaft Gäste wie beim Überfall eines Reisebusses nicht so aufreibend wie zwei einsame Esser in der Gaststube. Das Schlimmste ist, wenn den ganzen Abend das Restaurant gähnend leer bleibt, doch genau dann, wenn die Haustür abgeschlossen werden soll, ein Gast auf den Hof fährt. Eben dies geschah einmal, als ich Kellnerdienst hatte zusammen mit einer Kellnerin, deren Namen ich peinlicherweise vergessen habe, obschon sie blond, groß, schön und ein Wirbelwind an guter Laune und Tatkraft war.

In den «Waidhof» gelangte man durch eine kräftige Eichentür, die ab Brusthöhe verglast und mit Schmiedeeisen gesichert war. Wir sahen einen späten Gast darauf zukommen, und zum Abschließen reichte die Zeit nicht mehr. Die Serviererin riss mich deshalb am Ärmel zu Boden, gemeinsam warfen wir uns vor die Tür und stemmten uns angestrengt dagegen. Der Hungrige draußen war aber kräftig und offensichtlich auch ein Mann der Tat. Beim Versuch, die Tür zu öffnen, spürte er, dass diese etwas nachgab, somit nicht abgeschlossen war, sondern womöglich nur irgendwie klemmte. Also warf er sich gegen das eichene Monstrum.

Druck und Gegendruck – auf dem Boden liegend kämpften wir um den Feierabend, draußen hatte einer Durst und Hunger. Letztere waren stärker: Der verdammte Koloss warf sich mit solcher Gewalt gegen das Holz, dass die Schöne und ich übereinanderpurzelten. Die Tür sprang auf, die Abendsonne illuminierte einen Buben und eine junge Frau, die mit wirrem Haar ineinander verschlungen auf dem Boden lagen und aus der Froschperspektive verdattert zum Eindringling aufblickten.

Das badische Maidli jedoch sprang fix auf die Beine: «Entschuldige Se, mir hän uns nit onnerscht zu helfe gwisst. Wisset Se, mir hän scho Führrobig (Feierabend) und hän eigentlich jetzt in Zimmerstund wölle gange!» Sie war älter und gastronomisch erfahrener als ich, ließ ihren Südschwarzwälder Charme auf den ungebetenen Besucher absinken, brachte ihr üppiges Dirndldekolleté in Stellung und vermochte so, das Blatt zu wenden. Der Gast kam um ein Schmunzeln nicht herum, wackelte über den Kies zu seinem Auto zurück und ward nicht mehr gesehen.

Bürger in Uniform
oder Held der Nation

Während meiner Zeit im «Waidhof» bekam ich selten Briefe, dann aber flatterte einer ins Haus, der mein bisheriges Leben entscheidend veränderte. Die Einberufung zum Wehrdienst stand an, denn meine reguläre Ausbildungszeit war bereits beendet. In der neu gegründeten Bundeswehr mochte man wohl an Hitler zweifeln, nicht aber am Mythos vom «unverschuldet verlorenen Krieg» und vor allem nicht am preußischen Soldaten-Ideal. Und da sollte ausgerechnet ich der Armee zu noch mehr Wehrhaftigkeit verhelfen? Meine Gefühle waren keineswegs euphorisch. Zu jener Zeit fielen Starfighter-Jets wie reife Walnüsse vom Himmel. Deshalb war es mir sehr recht, dass ich zu einer Panzerkompanie eingezogen wurde. Immerhin, stellte ich mir vor, würde der Wehrdienst für eine Luftveränderung sorgen, und er bedeutete auch die Chance, der Bevormundung durch meinen Lehrchef und meine Eltern zu entkommen.

So rückte ich 1970 dann doch frohen Mutes in die Panzerjägerkompanie in Ellwangen ein. Nach Internat und Lehrzeit tat ich mich mit fremder Umgebung deutlich leichter als meine Kameraden. Ja, ich genoss die Segnungen einer großen Firma: meine Dreckwäsche abgeben zu können und das Essen nicht selbst richten zu müssen, auch wenn es dort kein gutes Essen gab, sondern das, was man allgemein als Verpflegung bezeichnet. Ich empfand es geradezu als exotisch, mal nicht selbst kochen zu müssen. «Lieber schlecht essen, als selber gut kochen», sagte ich mir.

Was aber die Freiheit betraf, da hatte ich mich geschnitten. Bereits bei den ersten Exerzierübungen wurde mir klar, dass es beim Militär hauptsächlich um eines geht: den Soldaten das selbständige Denken abzugewöhnen. Der Drill soll das Hirn ausschalten, damit man selbst unsinnigste Befehle widerspruchslos ausführt. Zum Glück war kurz zuvor die SPD ans Ruder gekommen. Nun galten wir als «Bürger in Uniform» und unterstanden einem Soldatengesetz, das auf dem Grundgesetz beruhte. Die Beatles waren auf dem Höhepunkt ihrer Karriere, und so hatte der deutsche Soldat als vollwertiger Bürger das Recht, seine Haare ebenfalls lang wachsen zu lassen. Manch ein Kämpfer und auch der Soldat Klink sahen mit ihrem arschlangen Haar aus wie die Schwester Winnetous. Auf Befehl der noch reichlich wehrmachtimprägnierten Generalität wurden an die Langhaarigen Haarnetze verteilt, was die Nato-Partner zum knackigen Namen «German Hairforce» für die bundesdeutsche Armee inspirierte.

Helmut Schmidt war Verteidigungsminister und ließ sich gern neben dem Warnhinweis «High Voltage» fotografieren, mit dem jede Jeep-Antenne versehen war. Tatsächlich war die Moral der «kämpfenden Truppe» nicht so, wie es sich der Minister offenbar wünschte. Sie war schlichtweg beschissen. Wir «Helden der Landesverteidigung», völlig unmotiviert und mit weibischer Hippie-Haarpracht, wirkten wie das Personal der Augsburger Puppenkiste. Die mehrheitlich übergewichtigen Soldaten hatten gewaltigen Hunger, und mit dem Essen kam der Durst: Saufen war Ehrensache. Bei einem Manöver in Grafenwöhr traten die Lazarettärzte einmal tatsächlich in Streik, weil sie von all den Bier- und Schnapsleichen die Schnauze voll hatten. So viel zum Slogan der Bundeswehr, sie sei die «Schule der Nation».

Im Grundwehrdienst lernte ich all das, was für ein späteres Leben überflüssig ist, also war ich bevorzugt geistig abwesend und erfüllte vielleicht gerade deshalb die Vorraussetzungen, um zum Fähnrich vorgeschlagen zu werden. Ich hatte aber bereits kapiert, dass die Offizierslaufbahn geradewegs in den Dünkel führte, und darauf hatte ich keine Lust. Nein, mein Vorbild war der brave Soldat Schwejk, und so flog ich aus der bereits begonnenen Spezialausbildung. Ich landete in der Kantine, und da ich den Ruf genoss, ein guter Koch zu sein, wurde ich ins Kasino der höheren Ränge beordert.

Rein dienstlich war das eine Beförderung, nüchtern betrachtet – was mir wegen Dauerbiertrinkens schwerfiel – war diese Beschäftigung jedoch meines Könnens nicht würdig. Im Unteroffizierskasino nämlich, bei den «Gemeinen», wurde auf Teufel komm raus gekocht, gebrutzelt und gesotten. Bei den feinen Pinkeln vom Leutnant aufwärts hingegen war der Geiz so groß, dass hauptsächlich heiße Würstchen geordert wurden und ab und an vielleicht mal ein Wiener Schnitzel. Mein Berufsstolz erodierte, bald empfand ich schon die Schnitzelbraterei als lästige Unterbrechung des Biertrinkens und meines enormen Eigenverbrauchs an Wiener Würstchen.

Ich, der ehemalige Strich in der Landschaft, hatte zehn Kilo zugenommen, hing in der Küche des Kasinos rum wie ein fleischgewordener Sitzsack und wartete, kaum war das Frühstück serviert, auf den Feierabend. Wurde doch einmal ein Schnitzel bestellt, haute ich als Ouvertüre zehnmal mit dem Fleischklopfer auf den blanken Tisch, sodass drinnen bei der Generalität die Kronleuchter aus der Decke zu brechen drohten. Es folgten zwei, drei Schläge aufs überalterte, fies müffelnde Fleisch, dessen olfaktorische Mängel mit fertiger Grillfleischwürze bemäntelt wurden, dann flog der Fleischfetzen ins rauchende Öl.

So verfuhr ich auch eines Tages während der Heldenrede eines Generals, worauf ein ziemlich affektiert hampelnder Adjutant nervös in meinen Küchentempel stürzte, um im Diskant zu krächzen: «Einstellen, sofort einstellen, stopfen (Soldatenjargon für «Abbruch einer Aktion»). Klink, General befehlen: Nie wieder Schnitzel.»

Mir war's recht, ich wandte mich flugs wieder der Lektüre meiner «Jerry Cotton»-Heftchen zu und beschränkte mein Küchenbullendasein fortan aufs Würstchensieden. Meiner Bierdunstdumpfheit zum Trotz dämmerte mir allmählich, dass ein weiteres Dahinvegetieren als Offizierskasinokoch mich mit Sicherheit ins Irrenhaus bringen würde. Ich beschloss also, mein Resthirn zu retten, und begann Erkundigungen einzuziehen. In der kaserneninternen Beratungsstelle erfuhr ich von meinem Recht auf militärische Verwendung. Ich Erzpazifist wollte tatsächlich lieber Panzer fahren, als Würstchen zu wärmen und im «Jerry Cotton»-Delirium zu verdämmern.

Nach sträflich kurzer Zeit wurde ich Kommandant eines Raketenjagdpanzers. Ja, Leute, ihr habt recht gehört, der Küchenbulle wurde Kommandant eines sehr teuren, hochmodernen Geräts. Ich glaubte mich im Glück: Es ging schwer zur Sache, ich war gefordert, und mein Kopf wurde langsam wieder klarer. Panzer fahren war mein Ding. Die Raketenjagdpanzer waren die tollsten Gefährte, welche die Wehr neben dem brandneu erfundenen Leopard-Panzer zu bieten hatte. Über tausend PS, jede Menge Zylinder und Hubraum und ein Lärm, dass wir uns vorkamen wie Fuzzi und Zorro zusammengenommen.

Für entfernte Manöver wurden die Ungetüme auf Züge verladen; einmal im Jahr jedoch ging es im «Motmarsch» nach Münsingen. Die Abkürzungen beim Kommiss wären eine eigene Geschichte wert. Unteroffiziere oder beispielsweise Stabsunteroffiziere wurden in einem ironischen Kämpferlied als «Uffze, Stuffze, Lumpen und Papier» besungen, und unter STOV hatte man die Standortverwaltung zu verstehen. Wir brummten also vom Heimatstandort Ellwangen zum hundert Kilometer weit entfernten Truppenübungsplatz nach Münsingen. Der Sachschaden bei einer solchen Ausfahrt ging in die Zigtausende.

An der Ampel vor dem «Roten Ochsen» zu Ellwangen zeigten wir den Bürgern zum Abschied, wie man mit einem Dreißig-Tonnen-Gefährt einen Kavaliersstart hinlegt. Die Kiste hatte ein vollautomatisches Getriebe und konnte – beim Militär sehr wichtig – von einem Vollidioten problemlos bedient werden. Der Motor von den Ausmaßen eines Kleinwagens dröhnte auf voller Tourenzahl, sämtliche Warnlampen des Armaturenbretts blinkten wild, die Häuser in der engen Straße erbebten, dass sich die Dachziegel lockerten. Dann legte der Fahrer mit einem kleinen Hebelchen den Vorwärtsgang ein, und das Gefährt bäumte sich auf wie ein steigendes Pferd. Alles Gepäck flog nach hinten, wo die Panzerabwehrraketen befestigt waren. Die Ketten schlugen ins Pflaster, rissen den Boden auf, und vorbeikommende, friedliche Bürger hielten sich die Ohren zu.

So ging der wilde Ritt dahin. Autos wichen in den Straßengraben aus, wenn ihnen unser Raketenpanzer, schwer wie ein kleines Einfamilienhaus, mit neunzig Stundenkilometern entgegenbrauste. Der Kompanieführer, also der Verantwortliche, zuckelte zwar korrekt mit maximal 40 Stundenkilometern auf seinen gummigepolsterten Ketten dahin. Die anderen zwölf Panzerfahrer jedoch sorgten dafür, dass sie ins Hintertreffen gerieten, und so mussten sie halt immer wieder mal mit vollem Karacho aufschließen.

Herrlich war das Soldatenleben: Gehwege wurden platt gewalzt, Schilder umgemäht, die Fahrbahn gefräst. Die Gemeinden liebten uns, denn zwei Stunden später kam eine Art Wiedergutmachungsoffizier im Jeep hinterhergefahren, der alles protokollierte. So konnten Bauern und Gemeindepfleger ihre maroden Dorfstraßen auf Kosten der Bundeswehr sanieren.

Den Truppenübungsplatz Münsingen hatten die französischen Besatzer von den Nazis übernommen. Hinter dem Schlagbaum wurde also Französisch gesprochen, über der Kantinenbaracke wehte die Trikolore und prangte das luxuriöse Schild «Casino», nicht mit «K» geschrieben, sondern comme il faut mit «C». Das war sehr exotisch und versetzte uns tapfere Landser sofort in Urlaubsstimmung.

Statt weiterhin Bier zu saufen, passten wir uns an und stiegen auf «Vin Mousseux» um, den es zollfrei, die Flasche für zwei Mark zwanzig, zu kaufen gab. Allerdings tranken wir den Franzosensekt nicht à la française, das Glas mit spitzen Fingern haltend und den Wein darin kreisen lassend, sondern à la boche, mit deutlichem Bierschluck, der Hast des Wirkungstrinkers und direkt aus der Flasche. Gläser waren etwas für die Etappe, den Generalstab oder sonstige Feiglinge, wir aber waren Soldaten. Schon am ersten Abend strengten wir uns mächtig an, um die Franzosen in ihren Vorurteilen zu bestätigen, indem wir Joe Cocker aus der Musikbox sanglich dermaßen unterstützten, dass die Franzmänner ganz bleich wurden. Irgendwie hatten sie mit Vin de Mousseux mehr Erfahrung und stürzten die Brause nicht wie Bier in den Hals.

Der folgende Morgen ließ sich schwer an. Beim Appell verzog keiner eine Miene: Es fehlte schlicht die Kraft dafür. Ich hatte es noch nicht einmal nach draußen geschafft, sondern stand am Fenster der Übungsplatzbaracke und hörte durch das Brummen meines Schädels den Ausbilder schreien, als hätte ihm jemand eine Chilischote in den Hintern gesteckt. In alphabetischer Reihenfolge wurden die Namen aufgerufen, gleich würde man bei K wie Klink angelangt sein. Doch ich war nicht in der Lage, mich in Bewegung zu setzen.

Plötzlich verstummten die Appellrufe. Charly, der als Größter immer vorne links am Eck stand, war, die Hände an der Hosennaht, stumm vornübergekippt. Die Kameraden bogen sich vor Lachen, die Disziplin war im Eimer. Der Unteroffizier glotzte fassungslos: Die Füße des Rekruten steckten nicht in den vorgeschriebenen Knobelbechern, sondern in speckigen Wildlederschuhen, sogenannten Clarks Boots. Des Ausbilders übliches «Sind Sie wahnsinnig!» vergurgelte in einem Röcheln.

Offenbar war Charly am Vorabend nach dem ganzen Schaumwein und diversen Jägermeister-Likörchen in voller Montur ins Bett gekracht. Nun gab er einen interessanten Anblick ab: Über den Boots war ein Streifen bleicher Stachelbeerbeine zu erblicken, dann die Mimikry-Hose, ein heraushängendes Unterhemd in Nato-Oliv, und unter dem Stahlhelm quoll etwas Rostrotes hervor, das wie Holzwolle aussah. Charly hatte vergessen, sein Haarnetz überzustülpen. So hatte sich Verteidigungsminister Helmut Schmidt den «Bürger in Uniform» mit Sicherheit nicht vorgestellt.

Standortkommandant war General Adamowitsch, ein strammer Soldat, dem im Russlandfeldzug sechzehnmal der Panzer unterm Arsch weggeschossen worden war. Hier muss ich einfügen, dass gewisse Wörter in keiner Armee der Welt vorkommen, zum Beispiel das Wort «Hintern». Gut durch den Tag kommt man hingegen mit dem Wort «Scheiße» – das passt immer. General Adamowitsch hatte dank seiner Bärennatur Stalingrad überlebt, der Haarordnungsparagraph der Nach-68er-Bundeswehr jedoch, der seiner Ansicht nach die Truppe zu einem Gammlerhaufen verkommen ließ, der machte diesen wackeren Soldaten fix und fertig.

Doch zurück zum erwähnten Morgen: Der Ausbilder fuhrwerkte an Charly herum, um ihn aus seiner Ohnmacht zu reißen, immerhin stand ein sogenannter Kampftag an. Deshalb war es auch höchste Zeit, dass ich nach unten kam, denn gleich sollten wir zur Schießbahn abmarschieren. Also los, mit einer Hand den Stahlhelm und den Seesack geschnappt, mit der anderen meinen Koffer, und so schnell, wie es mein unausgeschlafener Orientierungssinn zuließ, stolperte und rumpelte ich aus der Bude. Der Koffer gehörte zu mir wie ein Heldenabzeichen, ich hatte vom Standortältesten, einem Obersten, die Genehmigung bekommen, ihn mit in den Panzer nehmen zu dürfen.

Solcherart ausgestattet, trat ich aus der Baracke hinaus in den Duft der Münsinger Heide. Die Sonne stach mit der Heftigkeit einer Hornisse, nahezu blind wackelte ich mit Sack und Pack zu meinen Kameraden. «Sind Sie wahnsinnig!» Dem Stuffz drohte die Stimme überzuschnappen. «Kopfbedeckung!», stieß er hervor, «Sie sehen total scheiße aus.» Schnell mein dreckiges Schiffchen aus der Hosentasche gegriffen und obendrauf gepackt. «Den Helm, verdammt», brüllte der Ausbilder. Ich tat wie geheißen, sah nun aber noch beschissener aus. Ein Soldat im Kampfanzug sollte ja eine gefährliche Ausstrahlung haben. Gibt man einem solchen Recken, der bereit ist zu töten, sein Leben für die Republik zu geben, statt Gewehr, Seesack oder Tornister jedoch einen Koffer in die Hand, dann wirkt er statt gefährlich nur noch komisch.

Es lag aber nicht nur am Koffer, sondern auch am Haarnetz. Die ersten dieser Großmutter-Accessoires waren aus so feinem Gewebe gearbeitet, dass sie binnen eines Tages in Fetzen gingen. Sie wurden von einer verbesserten, wehrtauglichen Version abgelöst, einer Art Einkaufsnetz aus kräftigen Gummisträngen, absolut unzerstörbar und sicherlich auch gut geeignet, um Karpfen zu fischen oder gleich den «Russ» einzufangen. Der deutsche Soldat hatte das Gummiteil badekappenstramm überzuziehen, nutzte jedoch eine Möglichkeit verdeckten Protestes: Den Mittelteil, wo alle Stränge zusammenliefen, zogen wir nach oben, sodass er wie die Spitze einer Schlafmütze aussah und wir alle dem Darmol-Männchen ähnelten, das damals in der Werbung allenthalben durch die Nacht taperte.

So also muss man sich mich vorstellen, wie ich mich mit meinem Koffer und dem Seesack bei den Kameraden einreihte. Gleichschritt ließ sich auf diese Weise nicht halten, aber ich war ja auch kein Fußgänger, sondern Angehöriger der fahrenden Truppe, ein motorisierter Panzermann, kein gemeiner Stoppelhopser, Schütze Arsch, Dreckfresser oder Schützengrabendepp.

Sobald wir im Panzer saßen, wurden aus dem Seesack die Vin-Mousseux-Flaschen geholt, die exakt in die Halterungen der Nebelgranaten passten. Diese schmissen wir stattdessen nach hinten zu den Raketen, die dort in einem Hydrauliksystem aufs Abfeuern warteten. Das Wetter war herrlich, Schmetterlinge überwachten den Luftraum. Wir bezogen am Waldrand Stellung und spannten ein Tarnnetz über unser Gefährt. Nun kam das Warten auf Befehle. Nichts tat sich, stundenlange Ruhe. Unsere Vorgesetzten hatten uns wohl vergessen.

Vom Vorabend waren unsere Mägen vom Schaumwein noch ziemlich übersäuert, Kopfweh plagte uns Gewohnheitstrinker jedoch nur geringfügig. Mehr schmerzte da der Verlust einiger Flaschen, deren Korken während der Rüttelfahrt von selbst herausgesprungen waren. Das hatten wir unseren Vorgängern zu verdanken: Da innerhalb des Geländes alles zollfrei und billig war, hatten sie die zollfreie Ware außerhalb des Schlagbaums mit Aufpreis zu verhökern begonnen, worauf die schlauen Franzosen, denen ja der Handel auf dem Übungsplatz oblag, die Sicherungsdrähte über den Sektkorken entfernten. Die Flaschen wirkten wie gebraucht, da es für das Festsitzen der Korken keine Garantie mehr gab. Nun roch es in unserem Panzer wie in einer Küferei.

Die Wartezeit vertrieben wir uns mit immer neuen Schlucken aus der Pulle. Die Sonne stand steil, und wir schmorten im eigenem Saft und Dunst. Da hörten wir über Funk von einem spektakulären Unfall. Zu den Lieblingsbeschäftigungen von Panzerfahrern gehörte es nämlich, Bäume umzufahren. Bei Tannen klappte das immer prima. Doch nun war ein Fahrer auf die Idee verfallen, eine freistehende große Eiche «umzunieten». Fazit: Der Baum hielt stand, und das bekam den Kameraden gar nicht gut, denn in diesen Eisenkästen war ja keiner angeschnallt. Die tonnenschweren Ketten waren in freiem Flug am Baum vorbeigesaust, Maschinengewehre, Nebelwerfer und sonstiges Gerät wurden aus den Halterungen gerissen und in der Gegend verstreut.

Aus unserem Nachbarpanzer drangen Flüche und Hungerchöre. Denn obschon wir den Feldköchen unseren Standort bereits einige Male per Funk durchgegeben hatten, fand uns der Küchenwagen offensichtlich nicht. Laut klagte auch unser Fahrer, ein wirklich netter Kerl von unendlicher Sanftmut, den wir «Schwabbel» nannten. Er war so dick, dass er sich nur mit größter Mühe durch die Fahrerluke quetschen konnte. Dass ich Kommandant war, kümmerte ihn wenig. Doch meines Koffers wegen war er mir absolut hörig.

Betont langsam begann ich, am Schloss des Fiberglasbehältnisses zu hantieren. Als ich endlich dessen Deckel lüpfte, entströmte ihm heftiger Zwiebel- und Knoblauchgeruch. Alle guckten selig. Ich packte aus. Zuerst stellte ich einen Campingkocher mit extra großer Gasdose auf. Der große Topf beherbergte ein Säckchen Reis und einige Knoblauchknollen. Schwabbel bekam eine Zwiebel samt Schneidbrettchen in die Hand gedrückt. Der ständig verkaterte Charly krabbelte durch die Beifahrerluke, um den Wasserkanister von der Außenhalterung zu holen.

Für meinen mittlerweile bundeswehrberühmten Risotto wäre frische Butter ideal gewesen, doch wegen mangelnder Kühlung empfahl sich Olivenöl. Die Zwiebelwürfel in den Topf, vier Tassen Reis drauf und dreimal so viel Wasser dran. Kurze Pause. Oben auf dem Panzer deckte Raketenschütze Otto Walter den Tisch, indem er die Eisenplatte putzte. Er wurde Nullenwalter genannt, seit dem Vorfall, als er die Bundeswehr verdächtigte, sie schriebe seinen Vornamen falsch. Im Alkoholdunst eines Morgens hatte er auf dem Dienstplan das O hinter seinem Namen als Null gelesen und vor Empörung dermaßen randalierte, dass die Feldjäger den Zwei-Zentner-Mann schließlich in den Knast tragen mussten. Seither war er der Held der Kompanie.

Im Bauch des stählernen Ungetüms, vor Seitenwind geschützt, begann der Reis zu kochen. Nicht schnöder Milchreis oder die Armensorte des Po-Deltas, der Arborio-Reis. Nein, hier werkelte ein Spezialist: Im Koffer lagerten mindestens noch drei Pfund Riso Carnaroli Superfino. Zusammen mit einigen Brühwürfeln wanderten auch endlich die Knoblauchzehen in den Topf, die wir auf dem frischgestrichenen Panzerboden gequetscht hatten. Normalerweise roch ein Panzer innen nach Farbe, Diesel- und Hydrauliköl. Unser Raketenjagdpanzer aber war so mit Knoblauch imprägniert, dass ein kontrollierender Vorgesetzter, von oben durch die Abschussluke äugend, ums Haar seinen Magen in unsere gute Stube entleert hätte.

Der Reis begann dick zu werden, hohe Zeit, dem Gericht den letzten Schliff zu geben: Ich kippte Schaumwein dran, bröselte eine getrocknete Chili in den Topf, und Schwabbel drehte wild an der Pfeffermühle. Die Körner hatten inzwischen den richtigen Biss, außen cremig weich und im Kern noch etwas fest. Den Begriff «al dente» kannten wir noch nicht, womöglich hätten wir das mit Zahnpasta in Verbindung gebracht. Nun musste die Flüssigkeit schleunigst eingekocht werden, damit unser Gericht nicht zu Pamps geriet. Der Campingkocher wurde also auf Vollgas gedreht und fauchte wie ein Düsenjäger.

In unserer Kombüse machte sich langsam der Sauerstoff rar. Mit rotem Schädel drehte ich den Bajonettverschluss der verhassten Bodenluke auf, um für Durchzug zu sorgen. Verhasst war diese Öffnung deshalb, weil sie normalerweise immer dann zur Anwendung kam, wenn der Panzer vom Ausbilder direkt über ein Schlammloch befehligt worden war. Dann folgte nämlich gleich das Kommando: «Ausbooten!» Das bedeutete, sich durch dieses Loch unten aus dem Panzer hinauszuzwängen und unter demselben hervorzukriechen. Des Schlammlochs wegen kamen dann zwischen den Ketten keine stolzen Soldaten zum Vorschein, sondern Wesen, die aussahen wie Säue, die sich eben gesuhlt hatten.

Der Durchzug schaffte Erleichterung. «Huile d'Olive de Provence» wurde untergerührt. «Hmm, nicht schlecht.» Womöglich aus Ehrfurcht vor dem Gericht war Schwabbel ins Flüstern geraten. Doch dann ermannte er sich und schrie oben durch die Luke: «Nullenwalter, die Teller her, Essen fassen!»

Wir lümmelten uns auf dem Panzerdeck. Natürlich hätten wir auch unten in unserem Raketenzimmerchen mampfen können, dann jedoch hätten wir bei der Besatzung des Nachbarpanzers keinen Neid erregt, und zu der gehörte unser Zugführer. Diese Niete von einem Leutnant, frisch aus der Offiziersausbildung, wollte uns immer kujonieren. Erst in der Vorwoche wieder. Wir schlappten in Reih und Glied Richtung Schießplatz, und sowie wir im größten Morast standen, schrie der Mann: «Tiefflieger von rechts!» Verdammt, das bedeutete, dass man sich unverzüglich in die Matsche zu werfen hatte. «Chef, wo? Ich sehe nichts!», brüllte Nullenwalter und diskutierte unter raumgreifendem Ausschreiten so lange, bis wir angenehm trockenen Rasen erreicht hatten. Dort warfen wir uns in Deckung und ließen uns danach viel Zeit mit Aufstehen.

Der Risotto war klasse, wir stopften ihn mit solchem Heißhunger in uns hinein, dass es in der Speiseröhre zum Stau kam. Da musste natürlich Vin Mousseux nachgeschüttet werden. Hungrigen Katern gleich kamen unterdessen die Nachbarn angeschlichen, zum Schluss auch der Leutnant – und freundlich wie nie. Ich stieg deshalb nochmals hinab in den duftenden Bauch des Panzers.

Da endlich kam der Küchenlaster in die Waldschonung gerumpelt. «Wo kommt denn ihr her, ihr blöden Küchenbullen, seid wohl schon seit dem letzten Weltkrieg unterwegs? Wir sind hier am Verhungern!», maulte Nullenwalter.

«Was habt ihr denn in euren Tornistern? Fresst doch eure Epa, ihr Arschlöcher!», schallte es zurück.

«Selber Arschloch! Den Scheißdreck könnt ihr selber fressen!», setzte Nullenwalter mit wohlgesättigter Überheblichkeit nach. Epa, das war die berüchtigte Einsatzverpflegung, Überlebenspäckchen, die schmeckten, als stammten sie aus der Zeit der Berliner Blockade.

Die Küchenbullen luden einen Thermobehälter mit Eintopf ab und gaben wieder Gas. Der Küchenlaster blökte beleidigt, als hätte das alte Blech auch Empfindungen, dann eierte er im kleinsten Allradgang weiter den von Panzerketten zerwühlten Waldweg entlang. Wir schalteten das Funkgerät auf eine entlegene Frequenz, um bei der Siesta nicht gestört zu werden.

«Wenn jetzt der Russ käm, der könnte uns mit dem Taschentuch erschlagen», murmelte Nullenwalter noch im Wegdämmern. Aber ich dachte mir: «Der würde uns nichts zuleide tun, wir würden die Waffen wegschmeißen und dem Iwan einen rattenscharfen Risotto kochen.»

Beim badischen Küchengott

Von alten Leuten hört man immer wieder: «Wer weiß, zu was es gut ist!» Und wer weiß, vielleicht war mein Wehrdienst doch keine völlig verlorene Zeit. Nachhaltig habe ich beim Bund gelernt, wie man mit Menschen umgeht und wie eine große Firma funktioniert. Doch ich machte einen Denkfehler, gerade weil ich glaubte, schlau zu sein: Statt den damals üblichen achtzehn Monaten verpflichtete ich mich zu zwei Jahren Wehrdienst, weil ich dabei mehr verdiente, als ich als frisch ausgebildeter Koch erwarten durfte.

Übersehen hatte ich dabei Folgendes: Mit Bedacht kochen ist eine komplexe Profession, und wer wie ich den täglichen Verrichtungen am Herd zwei Jahre lang fernbleibt, hat danach fast alles Wichtige vergessen. Das spürte ich, und am liebsten hätte ich mich am Ende meiner Dienstzeit vor einer neuen Anstellung gedrückt. Doch ein Arbeitsvertrag war bereits unterschrieben, und der musste eingehalten werden.

So stand ich Anfang des Jahres 1972 im «Adler» in Rastatt am Herd des berühmten Meisterkochs Rudolf Katzenberger. Zu meinem Glück war er ein nachsichtiger Mann, der an meinen künstlerischen Neigungen Gefallen hatte und mir meine offensichtlichen beruflichen Mängel nicht allzu krummnahm. «Bübl», sprach er mich an, «du wirsch sehe, die Kochkunst isch ein langer Weg, aber du kriegsch des hin!»

Der erste Tag war allerdings ein völliges Desaster, das ich nur dank meiner Kollegen überlebte, die mir hilfreich zur

Hand gingen. Aus meinem Oberstübchen war sogar die Rezeptur von Pfannkuchenteig abhandengekommen. Spätzle zu schaben klappte hingegen noch ganz passabel: Erstaunlich, wie das motorische Gedächtnis einmal Erworbenes stabil im Kopf verankert.

Am nächsten Morgen veranstaltete Katzenberger eine Art Betriebsversammlung. Dabei wurde ich gefragt, wie viele Eier ich aufs Kilo Mehl für den Spätzleteig verwendete. Da meine Mitköche mich vorzuwarnen vergessen hatten, sagte ich wahrheitsgemäß: «Chef, je nachdem, heute habe ich zehn Eier dafür gebraucht.»

«Ja, Bübl, bisch du verrückt, musch doch auch a bissle Wasser dazugebe, du ruinierst mich! Jesus, zehn Eier, da müsste mir ja aufschlage und höhere Preise nehme.»

Es entwickelte sich eine Art Spiel. In den nächsten Tagen hieß es beim gemeinsamen Frühstück unweigerlich: «Bübl, wie viel?» Als ich bei zwei Eiern aufs Kilo angelangt war, stöhnte der sparsame Patron immer noch: «Bübl, spinnst du? Zwei Eier! Du bringsch mich noch in den Schuldenturm!»

Doch ich war lernfähig, und auf das nächste «Bübl, wie viel?» reckte ich den Hals und krähte: «Chef, ich habe es jetzt in Ihrem Sinne hingekriegt. Es isch gar kein Ei mehr im Spiel, es isch nur noch Mehl und Wasser, und dann hab ich noch ein bisschen Eigelbfarbe reingetan. Döhler-Eigelb-Lebensmittelfarbe, Sie wissen schon.»

«Bübl, du bisch ein guter Koch», dröhnte es von oben. Rudolf Katzenberger war nämlich ein Riese, bestimmt über zwei Meter lang. Richtete er sich auf, machte das großen Eindruck und augenblicklich herrschte Ruhe. Zu dieser Zeit war der Großmeister um die fünfundsechzig Jahre alt, und ein Mann mit einer geradezu royalen Anmutung: silbrigweiß glänzendes

Haar und ein Schnauzbart wie aus der guten alten Zeit. Ein kleiner Anstecker an seiner Kochjacke wies ihn als Träger des Bundesverdienstkreuzes erster Klasse aus. Ein bisschen eitel war er schon, aber er hatte auch allen Grund dazu.

Seine Kochbuchsammlung war legendär, er schrieb auch selbst Artikel, viel und gut, allerdings interessierte ihn weniger das Rezepteverfassen als die Philosophie des Genießens und das Ausgraben alter badischer Rezepte. Er war ein glühender Patriot, befreundet mit dem Markgrafen von Baden, Hahn im Korb bei den Baden-Badener Galopprennen und ein geistvoller Salonlöwe. Von Anfang an schien er mich zu mögen und wurde so mein Mentor.

Kontakt suchte er nicht nur zu den Gästen, sondern auch zu den Erzeugern und Lieferanten. Er pflegte eine ursprüngliche badische Landesküche, die Karte wechselte Tag für Tag, weil frisch vom Markt und äußerst knapp eingekauft wurde. Gemüse brachte ein Händler mit seinem Laster direkt zur Wirtschaft.

Die Küche unserer Omas speiste sich aus einheimischen Produkten. Eine Orange, die man noch Apfelsine nannte, galt als exotische Spezialität. Zu Katzenbergers Zeit zeigte sich bei den Deutschen bereits eine beachtliche kulinarische Neugier, Essenserlebnisse aus der Ferne wollte man auch zu Hause aufleben lassen. Katzenbergers badischer Patriotismus, der sich gelegentlich zu Chauvinismus auswachsen konnte, verwehrte ihm jedoch, diesem Trend zur internationalen Küche zu folgen. Er war gezwungen, mit den Erzeugnissen der badischen Landschaft zurechtzukommen und das zu pflegen, was man heute als «regionale Küche» zu bewahren sucht.

In der Welt herumzugondeln und in Laos Fisch aus dem Mekong mit Zitronengras und Ingwer zu essen ist etwas

Wunderbares. Richtig schätzen kann man die Fremde aber am besten, wenn man sich auch an einem Ort zu Hause weiß: In der Heimat sind wir sozial vernetzt, fühlen wir uns vertraut und geborgen. Man kennt uns, wir werden wahrgenommen und kennen die anderen.

Katzenberger regte mich viel stärker zu solchen Gedanken an, als mir damals bewusst war. Für ihn, der nur vier Kilometer von der französischen Grenze aufgewachsen war und dort sein ganzes Leben verbracht hatte, war Heimat etwas nahezu Mystisches, freilich ohne dass er dadurch zum engstirnigen Provinzler geworden wäre.

Oft saß ich mit ihm im Kräutergarten, und er erklärte mir mit leiser, warmer Stimme seine Weltsicht: «‹Patrie›, ‹home›, kein Begriff hat die Bedeutungskraft des Wortes ‹Heimat›. Deutschland ist kein Nationalstaat wie Frankreich, sondern ein junges Staatsgebilde des Föderalismus. So ist unser Land ein stammesgeschichtlicher Flickenteppich mit Bewohnern sehr unterschiedlicher Mentalität, denn das Wesen und die Emotionalität des Menschen hat viel mit seiner Einwurzelung und dem Boden zu tun, auf dem er steht. Heimat kann man sich aber auch richten, sogar zubereiten. Ein Stammlokal, eine gute Wirtin kann viel dazu beitragen, dass man sich heimisch fühlt.

Dazu gehört aber auch unabdingbar das Essen. Regionales Essen befriedigt Urbedürfnisse der Geborgenheit. Ein Schleswig-Holsteiner, dem man im Badischen ein Schäufele serviert, dem hat man die Türe zum Süden geöffnet. So beginnen Freundschaften. Viele Deutsche fühlen sich am Strand von Rimini nur wohl, wenn es in der Nähe des Campingplatzes auch eine Schnitzelbude gibt. Die ‹happy family›» – seiner Bodenständigkeit zum Trotz streute Katzenberger immer wieder mal Anglizismen ein – «riskiert dann irgendwann mal ein Spaghettigericht, aber bitte genauso weich wie die Spätzle zu Hause. Weißt, Bübl, das ist in der Fremde für viele der Rettungsanker, gibt ihnen eine Art Nestwärme. Die Leut' ziehen sich gern in sichere Nischen zurück, besinnen sich auf ihre Herkunft. Doch der Begriff ‹Heimat› birgt auch Gefahren. Was wurde durch Blut-und-Boden-Irrsinn nicht schon für Unglück angerichtet. Da kann man als Deutscher auf seine Heimat kaum mehr stolz sein.» Katzenberger atmete tief, hörte zu reden auf, und so saßen wir in Gedanken versunken schweigend da.

Ob der Vermarktung des Regionalen habe ich heute manchmal ein flaues Gefühl. Was sollen der Volksliedwahnsinn und das Hochhalten sinnentleerten Brauchtums? Das ist Heimat von der Stange. Mit solchem Getue kann man zwar auch als Koch ganz gut verdienen. Katzenberger ging es aber nicht einfach ums Geschäft, sondern ums Ganze, sein Leben, seine Identität.

Auf seinen Speisekarten betrieb er manchmal etwas zweifelhafte Poesie. So gab es die berühmte «Jagdtasche der Krebsfischer». Darin fand der Hungrige Krebse in Sauce Nantua, also Sahne-Krebssoße, Champignons und noch mehr Kleinteiliges. Oder auf der Karte stand: «Die bedeckte Schüssel wirbt um Ihr Vertrauen» – da konnte man wirklich nicht wissen, was einen erwartete. Eine anmutige Schüssel aus Steingut wurde auf den Tisch gestellt, dann lüpfte die Bedienung bedeutungsschwer den Deckel. Richtiger Mist trat nie zutage, mal dampfte ein teures Täubchen drin, ein andermal ein Kalbsfilet mit Champignons. In der Schüssel verklappte der Chef alles, was übrig oder in so kleiner Menge vorhanden war, dass es sich nicht lohnte, das Einzelstück auf die Karte zu setzen.

Die Kartendichtkunst des Rudolf Katzenberger mag etwas blumig gewesen sein, doch sie war anständig, verglichen mit der schwülen Speisekartenprosa eines heutigen Sternekochs, der aufgeblasenes Zeug schreibt wie: «Cappuccino vom Sauerbraten mit Stockfischgeleekügelchen in zweierlei Texturen.» Wie man beim Wein das «Terroir» und das Echte schätzt, ist auch die Küche eines Landstrichs schutzbedürftig. Was wären die Thüringer ohne den guten Ruf ihrer Würste? Handwerklich vorzügliche Regionalküche trägt viel zur Identität eines Landes und von dessen Bevölkerung bei. In den Töpfen der Gourmetköche werden klassische Regionalgerichte jedoch gern – selten zu ihrem Vorteil – dem Zeitgeist angeglichen. Natürlich spricht nichts dagegen, eine Maultasche mit Hummer und Ingwer zu füllen, aber eine Maultasche ist es halt keine mehr, und man sollte von «Hummer im Nudelteig» sprechen und nicht von einer «Maultasche». Ein «Cappuccino von Jakobsmuscheln» kann wunderbar schmecken, ein Cappuccino ist es aber trotzdem nicht. Und was hat ein verdammtes Ochsenschwanzragout dem Koch angetan, dass er es in einem «Madeira-Cappuccino» versenken muss? Warum kann man das Kind denn nicht bei seinem wahren Namen nennen?

Katzenberger sprach immer wieder von seiner Mutter, die den Betrieb mit Fleiß und hohem Berufsethos durch den Krieg bugsiert hatte. Daran knüpfte der Sohn an, modernisierte manches überladene Gericht, reduzierte beispielsweise den Fettanteil der Pasteten. Doch Mutter Katzenberger war für ihn so richtungweisend wie er nun für mich.

Gern mischte er sich täglich unters Volk. Seine bevorzugte Arena war der Rastatter Wochenmarkt. In fünfzehn Minuten war dieser Ort des Überflusses vom Restaurant aus gut zu erreichen. Dort gab es alles, womit man die feine Kundschaft bekochen konnte, also nicht nur Hecht, Zander und Forelle, sondern auch Flussfische, die man heute auf Speisekarten nicht mehr findet, wie Rotfeder, Schleie, Flussbarsch, Neunauge und Aale. Vom Wochenmarkt holten wir Schnecken und Froschschenkel, die aussahen, als wären sie im Schneidersitz auf Weidenruten aufgespießt worden. Wichtig war auch der Marktstand mit dem Geflügel, das ohne Kühlung unter Sonnenschirmen ausgebreitet lag und nach dessen Verzehr trotzdem niemand gestorben ist. Wachteln waren Katzenbergers Lieblingsviecher. Sie wurden hohl entbeint, das heißt, die Knöchlein wurden herausgenommen, und an ihrer Stelle kam Gänseleber hinein. Der Esser hatte auf dem Teller somit einen ganzen Vogel, dem man nicht ansah, dass man ihn in Scheiben schneiden konnte, ohne mit störendem Gebein kämpfen zu müssen.

Die Tage wurden wärmer, der Sommer nahte, und Katzenberger grübelte immer heftiger, wie er die Olympischen Spiele in München, die bald beginnen würden, kulinarisch würdigen könnte. Eines Tages sprang er beim Frühstück auf und schrie tatsächlich «Heureka»! Der Chef kannte sich in der Literatur gut aus und wusste auch, wer Archimedes war. «Bübl, ‹heureka› isch aus dem Griechische und heißt ‹ich hab's›. Was glaubsch, was ich heute Nacht für einen Einfall hatte? Komm mit!» Der Senior zog seine Kochjacke straff, zu der er immer eine Fliege trug. In dieser Dienstkleidung sah er sehr aristokratisch aus, weshalb er sie nur am freien Tag ablegte.

Wir stürzten hinaus in die Morgensonne, um im Sturmschritt das Dörfl zu verlassen, den Stadtteil Rastatts, der links des Flüsschens Murg liegt. Katzenberger referierte derweil über den Unsinn der Olympischen Spiele, dass Sport sowieso

Mord sei und auf dem Rücken unschuldiger Sportler Kommerz getrieben werde. Seine Konsequenz daraus lautete allerdings schlicht: «Wenn alle daran verdiene wolle, dann isch es unser gutes Recht, da auch mitzumische!»

Letzteres klang sehr nasal, denn Katzenberger qualmte nicht nur dicke Zigarren, wann immer er die Muße dazu hatte, häufiger noch schob er sich Schnupftabak in die Nasenlöcher. Mit den Jahren war ihm so ein gewaltiger Gewürzprüfer gewachsen. Als Snob zog er sich freilich nicht irgendwelchen Tobak in die Nüstern: Auch in diesen Dingen war er ein absoluter Gourmet. Ich war einerseits sein Liebling, weil er in mir einen aufmerksamen Zuhörer hatte, auch dann, wenn er die vertrauten Gefilde des Kochens verließ, zu weiten Exkursionen in die Welt der Philosophie abschweifte und dann noch höher abhob. Andererseits gab es wohl einen trivialeren Grund. Ich stammte aus Schwäbisch Gmünd, wo es gleich zwei Ami-Kasernen gab. Und von den Soldaten konnte ich für den Nikotinsüchtigen Stoff besorgen, ohne den er nicht leben mochte. Das Wundermittel hieß «Copenhagen Snuff», war affenstarker Schnupftabak und quasi Nikotin in reiner Form. Klappte der Nachschub damit nicht, mussten wir dem Chef Havanna-Zigarren mit etwas Rotwein und Wasser im Küchenmixer pürieren und dann auf Ofenblechen trocknen. Anschließend wurde das Zeug zerkrümelt und half dem Alten, Tag und Zeitläufte zu ertragen.

Wenn seine sonore Stimme also zu einem dünnen Genäsel verkümmerte, wussten wir, was kam. Er zog ein riesiges, meist rotgepunktetes Taschentuch aus der Hosentasche, legte den Kopf in den Nacken, breitete das Tuch über sein Gesicht, drückte es fest, umfasste seinen Zinken, ging in Vorlage, als wolle er wie ein Gewichtheber gleich die Hantel reißen, und blies ab wie ein Wal. Das waren wirkliche Explosionen, Naturereignisse, ja vulkanausbruchartige Eruptionen, denn oftmals hatte sich schwarze Tabakschlacke esslöffelweise in diesem Nasenbergwerk verdichtet, sodass beim Schnäuzen etwas aus ihm herausbrach, das aussah, als wäre es sein Hirn. Danach musste der Alte jedes Mal sein Gleichgewicht wiederfinden. So auch jetzt. Katzenberger wackelte heftig, doch eine Minute des Verharrens genügte, und er ging wieder seiner Arbeit nach, die oft daraus bestand, die Bedienungen nervös zu machen oder uns Köche. Seine Devise war, die jungen Mitarbeiter auf Trab zu halten, egal wie und egal warum und auch egal zu welchem Zweck.

Wir waren auf dem Weg in die Stadt, hetzten über die Brücke und gelangten wenig später auf den Marktplatz, wo eine Konditorei duftete. Unterwegs schilderte mir Katzenberger, was er sich hatte einfallen lassen, um die normale Speisekarte zu einer Olympia-Karte zu erhöhen. «Bübl, wir nehme Zwiebelringe» – er sprach es aus wie «Zwiwwlring» –, «die komme in Mehl, dann schüttle wir das Mehl ab, und dann werde se in Bierteig getunkt und knusprig gebacke.»

«Na», dachte ich, «das reißt einen ja nicht vom Hocker», heuchelte aber: «Ja, Chef, prima Idee. Nur, was wollen wir denn beim Konditor?»

«Wart hier, bin gleich wieder da.» Drei Treppenstufen auf einmal nehmend, verschwand er im Dunkel des Ladenlokals. Ich schlenderte auf die andere Straßenseite, um einige Marktstände zu besichtigen. Auf einmal hörte ich einen Schrei: «Vinzle, hier guck!» Katzenberger kam die Treppen der Konditorei herabgehüpft, führte einen für sein Alter erstaunlich elastischen Veitstanz auf und war offensichtlich äußerst glücklich. Wild schwenkte er verschiedene Döschen über dem

Kopf. Da geschah es: Reifen quietschten, Passanten schrien, und Katzenberger flog in hohem Bogen über die Kühlerhaube eines Opel Rekord.

Mit einem Schlag herrschte Ruhe, als hielte die Welt den Atem an. Der Länge lang lag der Riese vor dem Auto, mit dem Gesicht auf dem Asphalt. Doch in der lähmenden Stille hörte ich ihn murmeln. Waren es leise Flüche, «Hure Saich» oder so etwas? Noch immer vor sich hin brabbelnd, rappelte er sich hoch: «Schissdreck, blöder Siach.» Die Nadelstreifenhose war staubig, die gestärkte Kochjacke hatte schmutzige Streifen. Er war zwar nicht unter die Räder gekommen, sah aber so aus und versuchte nun, die Spuren der Erniedrigung abzuklopfen. Dermaßen mit sich beschäftigt war er, dass er gar nicht wahrnahm, wie ihn eine gaffende Menge umstand.

Der Fahrer, völlig verdattert, wollte ihm aufhelfen, doch Katzenberger zischte «Verdammter Helldriver!». Langsam richtete er sich zu seiner ganzen Größe auf, während der Opelmann immer kleiner wurde. «Was erlauben Sie sich?», tönte es von weit oben. «Wissen Sie überhaupt, wer ich bin? Woher nehmen Sie die eminente Unverfrorenheit, mich in Grund und Boden zu fahren? Ich bin Rastatter, ich bin Koch!» Das sagte er, als sei «Ich bin Koch» gleichbedeutend mit «Ohne mich dreht sich die Welt nicht mehr!».

Nachdem er so vor großem Publikum klargemacht hatte, wer hier der Boss war, beruhigte sich Katzenberger und blickte fast dankbar wie ein Schauspieler angesichts des Beifalls für eine gutgespielte Szene. Ich bückte mich und klaubte die rätselhaften Plastikdöschen aus dem Straßenstaub. Ein Schutzmann erkundigte sich nach Katzenbergers Befinden. Der sprach leise zu ihm: «Bübl» – der Gesetzeshüter erblasste –, «Bübl, mich bringt so schnell nichts um.» Er musterte sein Gegenüber, dessen Hand nachlässig auf dem Holster seiner PPK ruhte. «Nach mir brauche Se net gucke, aber passe Se auf, dass Ihre Pistol nit an der Hose losgeht, einen Toten hat's fast scho gegebe!» Der Polizist riss die Hand weg, als wäre das Schießeisen glühend heiß. Katzenberger, der leger schräg auf einem Bein stand, als mache er Lockerungsübungen, straffte sich, drehte eine ungelenke Pirouette und marschierte, ohne nach links oder rechts zu schauen, wieder über die Straße.

Ihm hinterhereilend, warf ich einen Blick auf die von mir geretteten Plastikdöschen – es war Lebensmittelfarbe. Bloß: Was sollte die? Um Spätzle zu verschönern und der Grünkernsuppe einen Stich ins Gelbe zu verpassen, verwendeten wir Eigelbfarbe, mehr brauchten wir nicht. Ich verstaute die Döschen in meiner Hosentasche, was es mir nicht leichter machte, den Alten einzuholen. Der ging, als trüge er Siebenmeilenstiefel. «Sie, Chef, was solle wir denn mit dene Dösle alle?»

«Bübl, wir wollen Zwiebelringe in Bierteig backen, und diese legen wir auf unser Olympia-Rumpsteak. Des habe ich doch scho gesagt.» Wohl wahr, aber das beantwortete meine Frage nicht. Noch während ich sinnierte, ergänzte er: «Ach ja, des han i ganz vergesse. Mir mache verschiedenfarbige Bierteige, weisch, in den Olympiafarben, Blau, Gelb, Schwarz, Grün und Rot.»

«Verdammt», dachte ich mir, «eine Jahrhundertidee.» Die Olympia-Steaks waren dann auch der Renner der Saison. Wie die Ringe schmeckten, weiß ich nicht mehr. Einer wohl nicht besonders toll, denn ich glaube mich zu erinnern, dass Katzenberger meinte: «Lass den Zwiebelring, der schwarz sein soll, einfach so lange in der Fritteuse, bis er verkohlt ist!»

Abfälle

In Meister Katzenbergers geschlossenem System des Genusses herrschte immer Trubel. Wenn der Chef etwas Besonderes austüfteln wollte, zog er sich deshalb in sein Allerheiligstes zurück. Eine Treppe führte von der Küche ins Souterrain zu einem kleinen Raum. Hier experimentierte er und probierte neue Gerichte aus. Zu den Geheimnissen seiner Küche gehörte die «Adler-Maultasche». Woraus deren Innenleben bestand, wusste keiner; allerdings ahnten wir Köche so einiges, da wir ihm immer allerlei Reste in seine Alchemistenwerkstatt bringen mussten.

Eines Morgens werkelte der Alte mal wieder hinter verschlossener Tür – durch die Milchglasscheibe sahen wir ihn schemenhaft hin und her gehen –, als diese unversehens aufflog und er brüllte: «'s brennt. Kommt, löscht!» Wir stürzten hinab in sein Kabuff und sahen, dass der Fleischwolf rauchte. Rasch zogen wir dessen Stecker raus und warfen unsere Torchons über die Quelle des Qualms. Torchons sind Anstecktücher, die jeder Koch an seinem Schürzenbund hat. Damit wischt man sich die Hände ab und fasst heiße Pfannen und Töpfe an. Es roch giftig, wir rissen die Fenster auf.

Nachdem sich die Lage beruhigt hatte, untersuchten wir, warum der Motor des Fleischwolfs durchgeschmort war. Der Schneideteil wurde auseinandergeschraubt, die Scheibe entfernt, dann das kreuzförmige Schneidmesser, und dort wurden wir fündig. Zwischen Messer und Fleischwolfschnecke klemmte ein Zwetschgenkern. Der alte Superkoch und gastronomische Gewinnmaximierer hatte einen übriggebliebenen Zwetschgenkuchen recyceln und ins Maultaschenbrät entsorgen wollen. Eine Wurstplatte vom Frühstücksservice stand auch noch herum, mit welcher dem Maultascheninnenleben zu größerer, wenn auch zweifelhafter Fleischeskraft verholfen werden sollte.

Zu erwähnen ist, dass es um 1972 den Begriff «recyceln» so wenig gab wie «bio». Gern spricht man von der «guten alten Zeit», doch damals bedienten sich die Bauern unbekümmert all der zweifelhaften Hilfen, die ihnen die Agrarchemie zur Verfügung stellte. Dann erst wurde in Deutschland DDT verboten, das zusammen mit E 605 das beliebteste Gift der Wirtschaftswunderzeit gewesen war. Trotzdem kam gegenüber Giften und Umweltverschmutzung so langsam ein Umdenken in Gang.

So standen eines Tages zwei Polizisten bei uns in der Küche: «Herr Katzenberger?» Uns rutschte das Herz in die Hose. «Herr Katzenberger, bitte folgen Sie uns!»

«Jesus Maria, der Chef wird abgeführt!» Im ganzen Laden herrschte eine Aufregung wie im Hühnerstall, wenn der Fuchs vor dem Gitter auftaucht. Es war saupeinlich, auch die Gäste wurden aufgescheucht, denn die Polizisten waren zur Demonstration ihrer Macht vorne durch den Gastraum hereingekommen. Nun gingen sie mit Katzenberger in der Mitte im Gänsemarsch durch den Hinterausgang hinaus. Wir linsten natürlich um die Ecke, um zu sehen, wohin der Chef geschleppt wurde. Die drei überquerten die Gasse hinterm Haus, öffneten das Tor zu unserem Kräutergarten und verschwanden in den Büschen. Was da wohl vorgehen mochte?

Um die sporadischen Hochwasser der Murg zu bändigen,

gab es Überlaufkanäle. Einer davon lag direkt hinter dem Kräutergarten, einen Steinwurf von unserer Küche entfernt. Die Stadtwerke hatten sein Wasser abgelassen, um den Grund zu inspizieren und Reinigungsarbeiten vorzunehmen. Dabei machten sie eine interessante Entdeckung: Generationen von Köchen hatten angebrannte Töpfe und sonstige Küchenunfälle im Kanal versenkt, sodass die Stelle anmutete, als hätten hier Küchenbiber einen Damm angelegt. Vielleicht hatte Katzenberger auch ehemalige Schiffsköche in seinem Team gehabt. Schiffskoch war in der jungen Bundesrepublik ein sehr begehrter Beruf. Man kochte unter komfortableren Bedingungen als an Land, außerdem wurde das Fernweh gestillt. Allerdings standen Schiffsköche im Ruf, ihre Küchenprobleme zu lösen, indem sie Missratenes einfach zum Bullauge hinauspfefferten.

Es war dann halb so schlimm. Der Chef kam mit einer Verwarnung und einer kleinen Geldstrafe davon. Seine schlechte Laune verflog rasch, zum einen, weil er ohnehin eine sonnige Natur hatte, zum anderen, weil wir unsere Unschuld glaubhaft darlegen konnten: Bei den Fundstücken handelte es sich um Kupfertöpfe oder Messinggeschirr. Solch schweres Gerät wurde schon lange nicht mehr verwendet, sondern hing an den Wänden, um diesen eine romantische Anmutung zu verleihen. Wir reinigten also die Töpfe aus dem Murgkanal, verscheuerten sie an Antiquitätenhändler und kochten weiterhin mit modernem Edelstahl, der die Kupfertöpfe nicht ohne Grund abgelöst hatte. Diese leiteten die Wärme zwar sehr gut, aber Kupfer war gesundheitsschädlich. Sie mussten deshalb innen verzinnt werden. Zinn hat jedoch einen relativ niedrigen Schmelzpunkt. Wurde der Topf zu heiß, so schmolz es. Dann kugelten auf dem Topfboden hellglänzende Metalltropfen herum wie beim Bleigießen, und wenn die ins Essen gelangten, war das bestimmt nicht gesund.

Immer mal wieder war mein Vater im «Adler» zu Gast und bedrängte den Patron. Koch sei ein Wanderberuf, und er solle mich möglichst bald weiterziehen lassen. Das tat er nicht einfach meiner Karriere zuliebe. Er hatte vielmehr im Parterre meines Elternhauses, in der Königsturmstraße 35 in Schwäbisch Gmünd, ein Feinschmeckerlokal einbauen lassen und es verpachtet. Seine Begründung: «Gibt es etwas Schöneres, als sich mit Hausschuhen ein Stockwerk tiefer als Stammgast zu installieren?»

Eine Zeitlang ging seine Rechnung ganz gut auf, dann aber wechselten die Pächter in schneller Folge, denn da gab es ein Grundproblem: Papas Ansprüche waren hoch und konnten von normalen Gastwirten nicht erfüllt werden, weshalb er Leute mit Ambitionen auswählte. Wirkliche Genießer jedoch waren in Schwäbisch Gmünd selten und mussten quasi mit dem Lasso eingefangen werden.

An meinen freien Tagen half ich in diesem Restaurant, das sich «Postillion» nannte, und lernte wieder Neues: Eine Zeitlang war ein Italiener der Inhaber, dem ich viele meiner Kenntnisse der italienischen Küche verdanke. Und wieder war da dieser Widerspruch: Dem Italiener und meinem Vater schwebte ein gediegenes Ristorante, keine Pizzeria vor. Die Schwaben im Tal der Rems hingegen mochten zwar feines Essen, dafür entsprechend mehr bezahlen wollten sie jedoch nicht. Auch der Italiener musste aufgeben. Deshalb drängte Vater darauf, dass ich möglichst bald den «Postillion» übernahm und das gastronomische Elend in Schwäbisch Gmünd linderte. Zuvor allerdings sollte ich noch den letzten Schliff bekommen, wo die gastronomische Hautevolee residierte: in München. Frech und letztlich ahnungslos bewarb ich mich im «Humplmayr».

Irres München

Das «Restaurant Humplmayr» war ein feudaler Laden am Maximiliansplatz. Hinter einer kleinen Eingangstür erstreckte sich ein großes Restaurant mit feingedeckten Tischen. Hier war alles anders als im heimeligen Rastatt, mich einzugewöhnen fiel mir nicht leicht. Die Herren Ober trugen Frack, und der Pianist war ein verkanntes Genie, dessen Rockschöße sich im Halbdunkel der schwarzen Kassettentäfelung verloren. Gäste wie die persische Exkaiserin Soraya, die Begum oder der Aga Khan persönlich beherrschten die Szene.

In der Nähe der Bar war grundsätzlich für einen steinreichen Baron reserviert. Allein was er im Abonnement zu Mittag verzehrte, überstieg die Einkünfte eines Vorstandsvorsitzenden. Baron S. war immer in Begleitung seines Hündchens. Der Pudel knabberte zum Déjeuner Hasenrücken auf Sterlingsilber. Täglich. Abends war der schrille Privatier von schwerbehangenen Halbweltdamen umgeben oder feierte, quietschend froher Laune und mit riskant befestigtem Monokel, im Kreise äußerst leichter Bürschchen.

Vor dem Portal, von uns Köchen aus dem Fenster im ersten Stock gut zu beobachten, schob eine hochhackige Adlige Dienst. Sie wurde artig mit «Gräfin» angeredet, und selbst das überkandidelte Publikum grüßte sie beim Vorbeigehen mit Grandezza. Die Dame hatte das Recht, an dieser exponierten Lage ihrem Beruf ungehindert nachzugehen und anzuschaffen.

In der Küche schob nun ein Koch mit Taufnamen Vincent, der als jüngstes Mitglied der Crew immer nur «Scheißhaus» gerufen wurde, seinen verzweifelten Dienst. Ich war allerdings nicht der Einzige, der so betitelt wurde. Der Küchenchef konnte sich keine Namen merken, weshalb er alle Neulinge mit diesem Sammelbegriff bedachte. Er hasste mich, bis ich nach wochenlanger Einarbeitungszeit auf meinem Saucierposten endlich einigermaßen funktionierte. In den «inner circle» wurde ich aber erst Monate später aufgenommen, nachdem ich mir systematisch so viel Alkohol zugeführt hatte, dass ich wie meine Kollegen zum wandelnden Feuchtbiotop geworden war. Endlich genoss ich die Anerkennung meines Chefs und galt nicht mehr als abstinenter Sonderling. Für vollgenommen wurde von der altgedienten Brigade nur, wer regelmäßig voll war. Parole «Unterlippe Oberkante» oder «Eichstrich Ohrläppchen».

Für die Herdkünstler gab es genau drei Arten der Erbauung: Bier, Weiber, Fußball. Was Thema Nummer zwei betraf, tat man sich derart dick, dass ich mir wie ein Mickerwürstchen vorkam. Beim Betriebsfußball konnte ich mein wackeliges Ego dann etwas sanieren. Mit steptanzartigen Einlagen landete ich immer mal wieder ein heroisches Tor, auch um den Preis übler Fouls, die zum Standardrepertoire des Siegeswillens gehörten und unseren sadistischen Küchenchef befriedigt aufseufzen ließen. Die mittwöchlichen Leibesübungen, welche die Wiese vor der Alten Pinakothek regelmäßig in einen Sturzacker verwandelten, erinnerten eher an eine Schlägerei, und die Abendgäste des «Humpl» waren nicht zu beneiden, wenn wir Helden humpelnd durch die Küche ächzten und unsere Bratenwendereien mehr schlecht als recht verrichteten.

Irgendwann war ich also etabliert, wenn nicht gar habilitiert, denn ich wurde mit dem zweifelhaften Titel «Professor» geehrt. Das ergab sich, weil ich immer ein Buch und komplizierte Zeitungen («Frankfurter Allgemeine» oder «Die Zeit») in der Jackentasche hatte und mit diesen Utensilien versuchte, der schleichenden Demenz entgegenzuwirken. Ich war der Einäugige unter den Blinden. Erschien der Küchenchef mit einem überspannt getexteten Rezept aus vergangenen Zeiten, musste ich es auf Köche-Dumm-Deutsch «downgraden».

Dann kam der Tag, an dem ich vom gemeinen Rühren und Brutzeln suspendiert wurde und eine Unterabteilung Jungköche zugeteilt bekam, ausgemergelte Gestalten, die ich moderat schikanierte. Eigentlich war ich hauptsächlich zur Erheiterung des Küchenchefs abgestellt. Mein Auftrag bestand darin, für alle Art Kurzweil zu sorgen. So galt es, in der Starkbierzeit den braunen Stoff beim «Spöckmeier» zu holen, Wodka wurde beim Kaufhaus Horten gebunkert. Ich war aber auch als ambulanter Psychiater unterwegs, um den Lehrlingen Trost zu spenden, wenn sie nach einem Donnerwetter des Küchenchefs heulend in den Vorbereitungsräumen Erholung suchten.

Einmal brauchte der Küchenchef dann selbst Trost. Er war wegen Tätlichkeiten an Untergebenen als gewalttätig aktenkundig und hatte das Recht, Lehrlinge auszubilden, längst verloren, wie mir sein Stellvertreter zugeraunt hatte. Eines Feierabends nun steuerte er, stark mit Wodka-Bitter-Lemon imprägniert, sein Zuhause an. An der Ampel beim Café Luitpold schob er einen bei Gelb vor ihm korrekt haltenden VW-Käfer mitten auf den Odeonsplatz. Er stieg aus, holte den Käferfahrer vom Sitz und schlug ihn kurzerhand k. o. Das Gesetz schlug seinerseits mit voller Wucht zu: Dem Delinquenten wurde der Führerschein entzogen. Doch wie es so ist, dank guter Beziehungen und langjähriger Mitgliedschaft in der CSU kam es zu einem Revisionsverfahren, nach welchem der Mann nahezu ungehindert sein Regiment in der Küche fortsetzen konnte.

An Köchen herrschte im «Humplmayr» kein Mangel. Zwanzig hartgesottene, mangelhaft gewaschene, aber bestens deodorierte Kerle versorgten fünfzig Gäste. Das Servicepersonal war, wie bereits angedeutet, wesentlich feiner, fast schon so, als wollte es in der dritten Person angesprochen werden. Außerdem waren alle ganz offen schwul, obschon damals der berüchtigte Paragraph 175 noch galt und Homosexualität somit strafbar war. Niemand hieß Peter oder Klaus, sondern nur «die Peter» oder «die Klausi». Ich wurde von der warmen Fachschaft «die Klinksche» gerufen, was mich einige Zeit gehörig peinigte. Nur unbeholfen wusste ich mich der Avancen zu erwehren, da ich so etwas noch nicht erlebt hatte. Im Kellneroffice roch es weniger nach Gebratenem oder sonstigen Speisen als nach Pariser Modenschau und «Nuttendiesel»-Parfüm.

Bei «Humplmayr» hatten wir ohnehin nicht das Gefühl, in Deutschland zu leben, sondern auf einem anderen Stern. Vielleicht war uns allen zu Kopf gestiegen, dass vor zwei Dekaden irgendein Dichter – der Küchenchef sprach vom «Zuckerheini» – für unsere Küche goldene Worte gefunden hatte. Wie ich später herausfand, handelte es sich dabei um Carl Zuckmayer.

Litt bereits das Personal unter bedenklichem Realitätsverlust, war derjenige des Patrons geradezu exorbitant. Sein Festmahl bestellte er übers Haustelefon grundsätzlich in der hektischsten Hauptservierzeit gegen acht Uhr abends. Oft hing der Küchenchef eine geschlagene Viertelstunde lang beratend am Telefon, um dann die Speisenbefehle auf uns niederzubrüllen, was für die Gäste im Saal eine halbstündige

Nachschubspause bedeutete. Während der Zubereitung des «Menu Patron» floss in unseren Adern außer Alkohol und einer kleinen Reserve Bluts vor allem Adrenalin. Unser Patron war ein todschicker Gentleman, der sich in Kaschmir kleidete und dermaßen weltfremd herumgeisterte, dass er selbst eine unbelebte Straße kaum gefahrlos überqueren konnte. Nach dem Menu, das bisweilen zweimal gekocht werden musste, wenn es nicht seinen Vorstellungen entsprach, sah man ihn manchmal spätabends erst in der Küche und im Restaurant auftauchen, nahm ihn aber nur schemenhaft wahr.

Ganz anders «Madame», die ihn aus irgendwelchem Grund «Bamsi» nannte, als wäre er ihr Hühnchen. Sie hatte die Figur von Anita Ekberg in Fellinis Film «La dolce vita» und sah so unverschämt gut aus, dass sie von meiner Phantasie Besitz ergriff. Nackt stellte ich sie mir vor. Sie war meine Göttin. Begegnete ich ihr einmal auf der Treppe, brachte ich kaum mehr als ein Röcheln hervor. Nicht nur mir ging es so: Nachts wackelten in den Personalräumen die Betten, als wäre sie bei jedem Koch zu Besuch.

Wir hausten in den Personalräumen im obersten Stock. Die reiferen Herren bewohnten zu zweit eine Bude, die unteren Chargen schliefen in größeren Räumen, umwabert vom Mief überreifer Nylonsocken. Toiletten und der Duschraum waren völlig demoliert und wurden mittlerweile so belassen. Denn kaum waren sie von einem Handwerker repariert worden, hatte schon wieder ein schnapsgefüllter Koch im Taumel nach der Brausenhalterung gegriffen und sie aus der Wand gehebelt. Dass der Putz bröckelte, wen kümmerte es: ein Pornobild drüber und einen Schluck aus der Wodkaflasche, schon war es hier verdammt gemütlich.

Ein Tumblerglas voll Wodka, zart mit etwas Bitter-Lemon-Limo abgeschmeckt, nannten wir «Schapfer», was auf Bayerisch ungefähr «Suppenschöpfer» heißt. Schrie der Küchenchef nach einem «Schapfer», musste man ruck, zuck reagieren und aus der Bar das Gewünschte herbeischaffen. Bei uns oben ging es dann folgendermaßen zu: Günti, der Wiener Patissier, saß auf seinem Bett, in der einen Hand eine Flasche Puschkin, in der anderen eine Flasche Bitter-Lemon. Ich hockte ihm gegenüber mit der gleichen Grundausstattung. Die Gläser standen auf dem Boden, da wir für einen Tisch gar keinen Platz gehabt hätten. Günti war ein südländischer Typ mit dunklen Augen, bärtig, die schwarzen Haare stets sorgfältig mit Pomade frisiert. Er hatte schon im «Savoy» in London gekocht, in Kairo wurde ihm die Rückwand seiner Backstube weggebombt, er war ein Mann, der das Leben kannte, Kinder gezeugt hatte – kurz, ich bewunderte ihn. Dominierte zu Beginn das Bitter-Lemon in unseren Gläsern, nahm im Lauf des Abends der Wodkagehalt zu. Schluss war, wenn einer einschlief. Hatte er sein Quantum nicht ausgetrunken, verpflichtete ihn dies zur Finanzierung des nächsten Besäufnisses.

Damals geisterte ein Journalist durchs dunkle München, der unter dem Namen «Hunter» für die «Abendzeitung» schrieb. Wo er Audienz hielt, fiel die Jeunesse dorée ein, wobei «Jeunesse» sich als ein dehnbarer Begriff erwies. Je weniger ansehnlich jemand war, desto dicker waren seine oder ihre Brillanten. Die Leute warfen nur so mit Geld um sich; wer keines hatte, ging zur Bank und belieh irgendetwas. «Hunter», leicht zu erkennen an einer hellbraunen Elvisrolle, war immer mittendrin, und wir verfolgten von der Küche aus das Defilee der Eitelkeit. Curd Jürgens' Rolls-Cabrio mit seinen blutroten

Ledersitzen stand aus Statusgründen grundsätzlich im Halteverbot und so nah am Eingang, dass ankommende Gäste fast darüberklettern mussten. Es versteht sich, dass der Aga Khan und seine kaum ärmeren Freunde auch nicht gerade untermotorisiert vorfuhren.

Wenn die reichen Touristen und Stammgäste das Restaurant verlassen hatten, wurde es an der Bar gemütlich. Waren Patrons außer Haus, hockten wir uns auch mal an den Tresen. Der Barmann Dieter, «die Didi» genannt, war ein Hallodri reinsten Wassers und ein wunderbarer Kumpel, der uns gegen geklaute Steaks immer mit ausreichend geklautem Wodka versorgte. Er hatte extrem gefeilte Umgangsformen und war mit allen Wassern gewaschen, außer in einer Hinsicht: Er traute sich nicht, im extrem teuren Unterwäscheladen in der Briennerstraße den für ihn lebensnotwendigen Nachschub an Damenhöschen mit Sankt Gallener Spitzenbordüre zu besorgen. Da sprangen wir für ihn in die Bresche.

Man muss sich das Bild vorstellen: Günti und ich, wie wir mit unserem ausgelatschten Schuhwerk, im T-Shirt und ziemlich dreckigen Jeans im tiefen Flor des Luxusladens standen. Die Hände hatten wir scheinbar lässig in die Taschen gesteckt wie Gary Cooper vor einem Schießduell. Dabei waren wir Gezeichnete, wahre Küchensklaven, und schuld war der Patron. Sein Lieblingsgericht war nämlich Kartoffelpüree, und damit nicht ein Körnchen seine Zunge irritierte, mussten wir den kochend heißen Brei von Hand durch ein Tuch drücken. Entsprechend sahen unsere Pfoten aus: gekocht wie Wiener Würstchen.

Während ich mit feuerrotem Kopf kein Wort herausbrachte, ließ Günti sich nicht verunsichern. Er wollte vielmehr von der Verkäuferin alles ganz genau wissen und versuchte sie mit seinem schmelzenden Wienerisch sogar dazu zu überreden, uns einen Sankt Gallener Klöppeltanga am eigenen Leibe vorzuführen. Ich, dem die Mönche für solche Dinge wahrlich nichts mit auf den Weg gegeben hatten, hing derweil stumm am Verkaufstresen aus Wurzelholz.

Von diesem Vorgang abgesehen, fanden unsere Exkursionen vor allem nachts statt. Tageslicht kannten wir kaum. Einmal allerdings holte ich mir einen sakrischen Sonnenbrand, und zwar mitten auf dem Stachus, Münchens verkehrsreichstem Platz. Wir kamen von einer externen Wodka-Bitter-Lemon-Exkursion und warteten in der Morgendämmerung auf die erste Trambahn. Unsere Ermattung ignorierend freuten wir uns an den ersten schimpfenden Spatzen. «Hörst du die Singlein vögeln», murmelte Günti durch seinen müde hängenden Dschingis-Khan-Bart. Wir waren die Einzigen auf dem weiten Platz und ließen uns der Länge nach auf den Bänken nieder.

Ich erwachte als Erster aus dem Koma. Die Julisonne stand im Zenit und stach mir ins Hirn, wo schätzungsweise noch ein Promille Restalkohol herumschwappte. Wirrnis umgab mich, und um in die Gegenwart zu finden, atmete ich tief durch, stand auf und orientierte mich. Auf der nächsten Bank lag mein Kumpan ausgestreckt wie ein für die Obduktion bereites Unfallopfer. Günti war nicht wachzukriegen – bis einer der vielen Rassisten, die ja immer gern öffentliche Plätze frequentieren, irgendwas von «Jugopack» maulte. Da plötzlich schnellte er hoch, der Pomade zum Trotz sträubte sich sein Haar, und schon hatte er den Pöbler am Wickel. Ich traute mich nicht einzugreifen. Zwar hatte ich das Herz eines Löwen, doch ich war von unseren Exzessen schwach wie ein anämisches Kaninchen und blinzelte aus geröteten Augen auf das Gerangel.

Im Nachhinein stellen sich mir die Fragen: Ist Kochsein eine Krankheit? Sind in dem Gewerbe auch geistig Gesunde tätig? Fragen, die mich bis heute umtreiben.

Ein Papagei grüßt

Morgens um neun begann der Dienst für den Saucier, den Entremetier, den Gardemanger, der die kalten Vorspeisen fertigte, und den Patissier, den man gelegentlich auch Zuckerarsch nannte, weil er sich um die Desserts kümmerte. Der Küchenchef war schon längst da, und auf jedem Arbeitstisch lag ein Zettel mit dem Entwurf der Speisekarte für den betreffenden Tag. Auch wenn der Chef abends, nicht zuletzt wegen der ständigen «Schapfer», ziemlich matt zu sein pflegte: Morgens in aller Herrgottsfrühe war er topfit.

Große Erklärungen zu seiner Menügestaltung gab er nicht ab. Ich war oft völlig ratlos, was sich hinter den Fachausdrücken und Formulierungen verbarg, und vielleicht hätte der Chef sich sogar gefreut, wenn man ihn nach Rezepturen gefragt hätte. Ich allerdings traute mich nicht. Ein älterer Kollege hatte mir jedoch gleich bei meinem Eintritt in die Firma einen rettenden Hinweis gegeben: Der Küchenchef klaubte fast alle Ideen aus professionellen Handbüchern zusammen, wobei zwei besonders wichtig waren. Für Deutschland heißt das entscheidende Regelwerk auch heute noch «Hering»; auf tausend Seiten in Dünndruck sind darin mehr als 32 000 Rezept- und Fachworterklärungen für die klassische und die moderne Küche zu finden. Während ich diese Zeilen schreibe, feiert der «Hering» seinen hundertsten Geburtstag.

In Bayern, also auch im «Humplmayr», richtete man sich jedoch mehr nach der österreichischen Küche, und für diese hatte ein gewisser Karl Duch Ordnung in die kaiserlich-königliche Kulinarik gebracht. Sein «Handlexikon der Kochkunst», das auch an die tausend Seiten hat, lag beim Chef immer auf dem Schreibtisch. Mit aufgestütztem Kopf suchte er dort ständig Inspiration, und blätterte er nach einigen Minuten nicht um, wussten wir: Der gute Mann war eingeschlafen. Ohne den «Duch» ging gar nichts, auf Anraten meiner Kollegen hatte ich mir dieses gastronomische «Buch der Bücher» schnellstens besorgt, auch wenn es einen großen Teil meines Monatslohnes wegfraß. Mittlerweile habe ich eine neue Ausgabe, aber den zerfledderten alten Schmöker hüte und benutze ich bis zum heutigen Tag.

Stand als Tagessuppe also beispielsweise «Consommé Madrilène» auf dem Zettel, riss ich meine Küchenschublade auf und konsultierte den «Duch», der auch die klassische französische Grande Cuisine präzise definierte. Meine Ahnung bestätigte sich: «Madrilène» hatte etwas mit Madrid zu tun. Doch darüber hinaus herrschte Finsternis. Erst unter dem Stichwort «Madrider Art» kam Licht dann ins Dunkel: «Hühnerkraftbrühe, mit Tomaten und roten Paprikafrüchten gewürzt, garniert mit gewürfelten Tomaten.»

In der klassischen Kochkunst haben Ausdrücke wie «à la mode de …», «nach Art der …», «auf … Art», «nach der Methode von …», «nach …» den Zweck, Speisen zu kennzeichnen, was je nachdem mit der Zubereitung, den Garnituren oder der Soße zu tun hat. Manche Garnituren – also die entscheidenden Zutaten, die einem Gericht den Namen geben – verdanken ihre Bezeichnung Standes-, Rang- oder Berufsgruppen, denen das Gericht gewidmet ist: auf kaiserliche Art, auf Diplomatenart, auf Hausfrauenart, nach Gärtnerinart. Dann gibt es Garnituren, deren Name von einem Ort, einer Stadt, einer Landschaft oder einem Land abgeleitet ist: auf elsässische, Florentiner, englische, sächsische oder Pariser Art. Drittens werden Garnituren auch dem Andenken gewisser Persönlichkeiten gewidmet: Lord Nelson, Mozart oder der Schauspielerin Sarah Bernhardt, welcher der Küchenkaiser Auguste Escoffier mit seinen Himbeeren ein Denkmal setzte. Viertens sind Garnituren auch nach bekannten Hotels, Gaststätten oder Cafés benannt, wo sie vielleicht erfunden wurden. So steht im «Hering» über das «Filetsteak Café Anglais»: «Café Anglais (kaffe ongläh): Artischockenböden, abwechselnd mit Champignon- und Trüffelpüree gefüllt; Madeirasoße mit Trüffelessenz.»

Der Erklärung von Garnituren werden im «Duch» und im «Hering» unzählige Seiten gewidmet, was mich damals gewaltig ärgerte, da ich es als sehr altmodisch empfand. Mittlerweile sind die Garnituren weitgehend abgeschafft, kein Gast muss sich mehr mit Begriffen wie «Rehrücken Baden-Baden» oder «Seezunge Bonne Femme» auseinandersetzen. «Pèche Melba», also «Pfirsich Melba», ist heute ein hundskommuner pochierter Pfirsich mit Himbeermark und Vanilleeis.

All diese Gerichte waren im Original bestimmt erstklassig zubereitet, sind später jedoch in einer Weise verhunzt und erniedrigt worden, dass man von den klassischen Bezeichnungen mit gutem Grund abgekommen ist. So war beispielsweise das «Leipziger Allerlei» einmal ein Pot-au-feu von perfekt blanchiertem Gemüse in kräftiger Fleischbrühe, in der auch frische Krebsschwänze herumschwammen. Die Dosenindustrie hat dieses ehemalige Großgericht regelrecht kaputt gedost. Oder nehmen wir die «Tournedos Rossini». Mit ihnen verbindet der Genießer frischgebratene Scheiben Gänseleber auf einem Filetsteak, auf welche großzügig geschnittene Scheiben von

Périgord-Trüffeln prangten. Die Erfindung und das Lieblingsgericht des italienischen Komponisten Rossini sollte nach des Maestros Vorstellung mit einer reduzierten Madeirasoße serviert werden. Zum Glück musste der grandiose Musikus nicht mehr erleben, wie diese Spezialität durch Sparköche zu einem Fleischbrocken degenerierte, der mit mickriger Geflügelleberwurst gedeckelt wurde.

Garniturbezeichnungen, insbesondere die mit geschichtlichem Hintergrund, gaben häufig Anlass zu Peinlichkeiten, mancher Gast wurde von dummen Kellnern seiner Unbildung wegen belächelt. Essen dient ja auch der sozialen Abgrenzung. Das gehobene Bürgertum versuchte, nicht nur dank eines gefüllten Geldbeutels, sondern auch durch die Kenntnis gewisser Speisekartencodes Abstand zum angeblichen Pöbel zu halten.

Im «Humplmayr» wurden viele solchermaßen geadelte Gerichte serviert: der Rostbraten des Fürsten Esterházy, das Filet Stroganoff und das pfundschwere Rinderfilet «Chateaubriand», das den Dichter dieses Namens berühmter machte als all seine Texte zusammen. Mein Küchenchef stand noch ganz in dieser Tradition. Gelang ihm zufriedenstellend eine neue Kreation, so wurde sie nicht einfach «nach Art des Hauses» genannt und entgegen alten Bräuchen etwas ausführlicher annonciert. Ein «Gratin von frischen Edelkrebsen Humplmayr» signalisierte schon deshalb hohen handwerklichen Anspruch, weil der Küchenchef es sich keinesfalls erlauben konnte, den Namen des Restaurants in zweifelhaften Ruf zu bringen. Dafür wurden Krebse mit geröstetem und gehacktem Kümmel versehen und mit Soße Béarnaise gratiniert. Unten in der Gratinierform befanden sich zwei Esslöffel Sauce Nantua, und als Nachwuchskoch musste man wissen, dass Sauce Nantua nichts anderes war als mit Sahne gutverkochte Krebsschalen.

War ich als junger Mann völlig gegen solche Bezeichnungen eingestellt, trauere ich ihnen heute etwas nach, weil ich Tradition in vernünftiger Auslegung schätzen gelernt habe und weil man mittlerweile um die Bedeutung der Rituale weiß, die jedes Essen erhöhen können. Es macht durchaus einen Unterschied, ob man sich beim Verzehr eines Huhns Marengo bewusst ist, dass die Zubereitung von Huhn mit Krebsen dem Mundkoch Napoleons zugeschrieben wird, oder ob man den Gockel einfach unreflektiert wegmampft. Sicherlich ist es nicht Sache des Essers, von alldem zu wissen, aber schön ist es, davon zu erfahren. Die Zusammenhänge zu erklären gibt dem geschulten Service die Möglichkeit zum unterhaltsamen Hinweis und zu einem unaufdringlichen Tischgespräch, welches den Moment des Essens aus dem Alltag heben kann.

Es gäbe nach wie vor gute Gründe, gewisse Kreationen mit einem Titel zu versehen: Vor dreißig Jahren hat Eckart Witzigmann im Restaurant «Tantris» eine Taubenbrust im Strudelteig auf die Karte gesetzt. Viele Kollegen kochten diese Kreation nach, und deshalb stellt sich die Frage, warum man den Erfinder nicht benennen sollte. Setze ich sein Topfensoufflé auf meine Speisekarte, dann steht da «Topfensoufflé nach Eckart Witzigmann». So gesehen haben solche Bezeichnungen letztlich doch einen Sinn, sie ehren die Urheber, fördern die Ehrlichkeit und verpflichten schlussendlich zur Werktreue.

Viele Gerichte des «Humplmayr» waren nach klassischen Anweisungen gekocht, und wir Köche hatten ständig die Korrekturen des Küchenchefs zu berücksichtigen. Die momentane modisch geprägte deutsche Küche wirkt manchmal etwas überheblich, und ich denke, es liegt daran, dass junge Meister schlicht nicht wissen, was die alten Haudegen damals geleistet haben. Damit kein falscher Eindruck entsteht: Die Köche des «Humplmayr» waren zwar raue Burschen und ihre Arbeitsumstände aus heutiger Sicht hanebüchen, aber allesamt waren sie Profis, die ihresgleichen suchten. Es wurde mit Fanatismus gekocht, und am Herd standen Leute mit großem Wissen und bemerkenswerten beruflichen Fähigkeiten. Die heutigen Sterneköche sind ihnen nur im fotogenen Anrichten überlegen, das allerdings einen solchen Stellenwert erhalten hat, dass mancher Superkoch nur noch mit dem Auge kontrolliert und sich die Figur eines Dressman zulegt, um auf die Titelseiten von Gourmetzeitschriften zu gelangen.

Was die Bekömmlichkeit des Essens von damals anging, so hält sich das Gerücht, diese Küche sei fett und schwer gewesen. Das trifft eigentlich nur auf die bürgerliche Küche zu, die von Menschen gefuttert wurde, die so viele Kalorien auch dringend nötig hatten. Einige Jahre später, darauf kommen wir noch, wird die Nouvelle Cuisine dem Wunsch nach Leichtigkeit entsprechen und das Essen in winzigen Portionen servieren.

Die Speisekarten aus der Münchner Zeit sind zum Teil noch in meinem Besitz. Auffallend häufig wird das Wörtchen «frisch» bemüht, was in der schlechten Gastronomie bis heute meist «frisch aufgetaut» bedeutet – nicht so im «Restaurant Humplmayr». Doch im restlichen Deutschland bekamen Tiefkühlprodukte und die Errungenschaften der Dosenindustrie ihren gastronomischen Segen, und in den Haushalten war es ganz bestimmt nicht besser. Damals kursierte in Berufskreisen ein bezeichnender Witz:

Ein aufmerksamer Gast, der gerade in einem vertrockneten Seezungenfilet herumstochert, klagt dem Kellner, dass seine Frau vor kurzem bei einem Schiffsunglück untergegangen sei.

«Herr Ober, ich habe die Seezunge gefragt, ob sie vielleicht meine Frau gesehen habe. Doch die Seezunge sagte mir, das könne sie nicht, weil sie seit drei Jahren hier in der Tiefkühltruhe ausgeharrt habe!»

Von den Vorspeisen des «Humpel» kann ich noch folgende Gerichte aufzählen: Hummer Thermidor 28 Mark, Gratin von Edelkrebsen «Humplmayr» 25 Mark, fünfzig Gramm Sevruga Kaviar – in Kilodosen geliefert – firmierte unter «frischem Fang» zu 48 Mark. Frischer Nordsee-Steinbutt «Belle Meunière» (Schöne Müllerin) mit Mayonnaise-Gurkensalat kostete 21 Mark. Die Seezunge segelte unter der Bezeichnung «Bonne Femme» zu 20 Mark. Kalbsnieren «Marcella Borghese» und Turkeysteak «Maharani» standen auf der Karte, Lammnierchen vom Grill mit Knoblauch-Kräuterbutter, jungen Bohnen und Pommes sautées wurden hingegen nur dann serviert, wenn die Lämmer frisch geliefert worden waren. Mignons vom Kalbsattel Metternich, ein Kalbsrücken mit Trüffelscheiben und mit Pulverpaprika gefärbter Béchamelsoße, mit Oberhitze glaciert – alles wurde frisch, «à la minute» gekocht. Entfetteten Schmorfond servierten wir «à part», also nicht auf den Teller, sondern extra in einer Sauciere.

«Entrecôte Beaugenay» mit Pommes frites wurde von Staudensellerie «Mornay» begleitet, wobei «Mornay» immer «Käsesoße» bedeutete. Eines meiner Lieblingsdesserts im «Humplmayr» war «Fraises Eaton Mess». Das war nichts anderes als mit einer Gabel zerstampfte Erdbeeren, mit Sahne und Zucker verrührt. Eine köstliche, sehr einfache Sache, die aber einen ausländischen Namen bemühen musste, um auf der Dessertkarte nicht zu simpel zu wirken.

Was man unter Inflation zu verstehen hat, das kann man den damaligen Preisen entnehmen. Sie mögen aus heutiger

Sicht lächerlich billig erscheinen, aber für Normalbürger war das Essen in diesen Hallen unerschwinglich. Ein Liter Benzin kostete zwar nur angenehme dreißig Pfennig, weil der Staat sich mit Steuern noch sehr zurückhielt, doch als ich aus dem «Humplmayr»-Kabuff in eine Einzimmerwohnung umzog, musste ich dafür monatlich 200 Mark abdrücken. Mein Lohn betrug 600 Mark, was im Gegensatz zu meinem Bundeswehrsold von 1200 Mark brutto herzlich wenig war. Ohne Unterstützung des Elternhauses hätte ich mich in München, der teuersten Stadt der Republik, nicht halten können. Dass München so «en vogue» war, hatte viel mit der Olympiade zu tun. Gegen Ende des Jahres 1972 redete man nicht mehr darüber, doch durch die Festspiele war München zur Weltstadt geworden mit einem wunderbar leichtlebigen Flair.

Das war natürlich ansteckend und weckte wieder meine künstlerischen Ambitionen. Seit einiger Zeit schon besuchte ich eine freie Akademie für Aktzeichnen in Schwabing, dem Künstlerviertel Münchens. Ich bewarb mich auf der Kunstakademie, die mich auch akzeptierte. Doch davon durfte das Elternhaus nichts erfahren, und so musste ich mich nach Einkünften umsehen, um das Studium zu bezahlen. Ich kam auf die Idee, beim Erstklass-Feinkostladen und Partyservice Käfer anzuheuern, der schon zu dieser Zeit berühmt war. Ich dachte: «Abends hilfst du bei den Partys, und tagsüber wird gemalt und gezeichnet.»

Beseelt von dieser Vision, stieg ich in der Prinzregentenstraße die schmale Treppe zum Personalbüro der bereits ziemlich großen Firma hoch. Ich gelangte in ein miefiges Büro, schob mich an Sekretärinnen vorbei, wurde in die hinteren Räume verwiesen und knirschte unterwegs über Körnerabfall, den ein riesiger Papagei verstreute. Er saß auf einer Stange, und aus seinen Vogelaugen lugte der blanke Hass.

Wie geheißen, klopfte ich an die letzte Tür des Flurs. Ein tiefer, gurgelnder Schrei klang durch die Tür. Ich drückte die Klinke und stand etwas belämmert vor einem dicken Mann, dem der Bajuware aus allen Poren drang. Wilde Haarmähne, schlecht rasiert, kariertes Hemd, dicke rote Nase und ebensolche Backen. Der Koloss stand auf, grüßte lautstark mit «servus», hakte beide Daumen in seinen Hosenträgern ein, die eine gewaltige Lederhose überm Bauch hielten, und meinte: «Vom Humpl kimmst? Do sind koine schlechte Köch. Warum willst dort aufhörn?» Stockend begann ich, meinen Lebensplan auszubreiten. Der Mann unterbrach mich donnernd: «Künstler willst werdn? Du spinnst wohl!», und dann schrie er geradezu: «Du blöder Dimpfl, schaug, dass d' naus kimmst, du Arschloch!»

Einer Ohnmacht nahe trat ich ab. Drei Meter weiter, der Flur war lang, schritt ich am Papagei vorbei, und meine Ahnung hatte nicht getrogen. Das Tier flatterte auf der Stange und krächzte lautstark: «Arschloch, Arschloch, Arschloch!» Ich war so fertig, dass ich fast die schmale Treppe hinuntergepurzelt wäre. Kraftlos und verzweifelt wackelte ich zu meinem altersschwachen VW Käfer, den ich mit allerlei Plaketten aufgemotzt hatte. Auf der Rückseite prangte ein großer Aufkleber «Saurer Fritz», die Werbeplakette eines indiskutablen Zitronenschnapses. Mir kam das alles gar nicht mehr lustig vor.

Abends war wie üblich heftiges Kochen angesagt. Nachdem wir das vollbesetzte Lokal versorgt hatten, kam kurz vor dreiundzwanzig Uhr nochmal ein Riesenschub Festgäste frisch aus dem Theater. So war das fast jeden Abend, die schon erwähnte Kilodose Kaviar hielt gerade mal einen Tag, und Hummer wurden reihenweise auf den Grill geschmissen. Oft verkauften wir in einem Service bis zu dreißig Hummer, nicht zu reden von den Hummercocktails, die das Theater- und Opernpublikum verspeiste. Es musste alles schnell gehen, die Gäste wollten ja nicht im Restaurant übernachten. Die Herdplatten glühten, Wutschreie ertönten und Schmerzenslaute, wenn der Küchenchef mal wieder einen Kellner an den Haaren über den Küchentresen zog, um ihm ins Genick zu hauen.

Die Küchenarbeit brachte mein lädiertes Selbstwertgefühl wieder ins Lot, ich sagte mir, dieser Feinkost Käfer müsse ein Scheißladen sein, wenn der Personalchef dort mein Können nicht erkannte. Am anderen Morgen rumorte in meinem Innersten jedoch die Ahnung, der ungehobelte Personalchef könnte vielleicht recht gehabt haben. Ich beschloss, keine Risiken mehr einzugehen, sondern dem Wunsch meines Vaters brav Folge zu leisten.

Dieser drängte mich immer wieder, nach Hause zu kommen. Die Meisterprüfung sollte ich schon noch machen, aber bitte mit Tempo. Dazu musste man ein sechswöchiges Seminar hinter sich bringen. Die sechshundert Mark, die das Ganze kostete, wollte er aber nicht herausrücken. Deshalb nahm ich vom «Humplmayr» Abschied, ironischerweise zu einem Zeitpunkt, als ich Fuß gefasst und mich sogar von der Sauferei hatte befreien können. Dem Küchenchef erklärte ich meine weiteren Berufsziele, und dass ich ein «gehobenes Restaurant» eröffnen wolle. Der alte Profi musste nicht lange überlegen und verpasste mir eine volle Breitseite: «Vincent, du bist ein Arschloch, aber du lernst schnell. Lass dir dös gsagt sein: Mach kein gehobenes Restaurant, sondern ein gutes, und ein gutes Restaurant ist eines, das viele Gäste hat.» Ich dachte für mich: «Mann, du bist vielleicht ein alter Depp.» Später freilich kam ich zu der Erkenntnis, dass dies der wahrste und wichtigste Satz über Gastronomie ist und dass er bis heute gilt.

Black Cooking Mafia

Zunächst einmal suchte ich kein gutes Restaurant, sondern eines, das gut zahlte, damit ich davon die Gebühren der Meisterprüfung bezahlen konnte. In den berühmten Läden verdiente man nämlich kaum etwas. Dort arbeitete man als junger Koch, um sein Wissen zu erweitern, nicht des Geldes wegen. Ich heuerte also in der «Torggelstube» mitten im Zentrum des alten München an.

Vom Kochen hatte ich nun doch schon etwas Ahnung, und nach dem Stress im «Humplmayr» fiel mir die Arbeit dort leicht. Das Problem war eher, mit der ständigen Unterforderung zurechtzukommen und nicht wie die meisten Kollegen wieder dem Suff zu verfallen. Der Laden lag direkt neben dem «Hofbräuhaus», und das sagt schon alles. Es war schwer was los auf dieser Touristenmeile, Kundschaft gab es reichlich, und wählerisch war sie mitnichten. Ein prima Job: Ich bekam einen Haufen Geld, ohne mir dafür die Haxen ausreißen zu müssen.

Der Besitzer dieser Restauration besaß mehrere Hotels, eines irgendwo in Afrika, ein sogenanntes Resort. Von dort kamen vier Riesenkerle, deren schwarze Hautfarbe von der weißen Kochkleidung noch unterstrichen wurde. Es waren Leute von Format, hochgeachtete Chefköche und Spezialisten für afrikanische Küche. Ich sollte ihnen die deutsche Regionalküche beibringen, damit der germanische Großwildjäger sich in Afrika ganz daheim fühlen konnte und nach der Löwenhatz auf seine gewohnten Schnitzel nicht verzichten musste. Also spulte ich mit den vier ein teutonisches Programm ab: Es wurden Rouladen gedreht, Schnitzelvariationen trainiert oder Königsberger Klopse gekugelt.

Ich war als Einziger für die Afrikaner verantwortlich, sozusagen ein kulinarischer Fähnleinführer. Immer gut gelaunt, ließen sich meine Schützlinge nie in Stress bringen. Manchmal gab es vom Küchenchef Geschrei, denn der empfand es als provozierend, wenn die «Bimbos», wie er sie gerne nannte, trotz hektischem Stoßgeschäft entspannt mit den Hüften wackelten und rhythmische Songs summten. Über die rassistische Tonlage machte man sich damals keine Gedanken. Franz Josef Strauß war noch am Ruder, die Bayern betrieben mit Afrika ihre eigene Außenpolitik. Als Weißwurst-Capitano drängte FJS mit deftigen Kommuniqués an der Bundesregierung vorbei: «Na fahrn mer zu dena Nega nunta, und dann erklärn mir dena die Demokratie!» Der bayerische Kabarettist Gerhard Polt brachte die Strauß'sche Didaktik folgendermaßen auf den Punkt: «The idea of Freibeer in Bavaria is deeply religious: The more you drink, the more the ghost of democracy becomes visible.»

Während uns weißen Küchenbullen an Wochenenden, bei vollem Haus, manchmal fast die Panik packte und wir am Rande des Absturzes brutzelten, hauten sich die Afrikaner vor Vergnügen auf die Schenkel. Sie sahen nicht ein, was so hohe Not verursachen mochte, dass man in der Küche in Raserei geriet. Da der Küchenchef mit ihren wirklichen Namen nicht klarkam, nannte er sie zunächst allesamt Lumumba. Später kam es zu einer Verfeinerung: Der Größte wurde Lummi genannt, ein anderer Lummel, da er ein Gerät in der Kochhose hatte, das unsereinen nachdenklich machte und einige Schwule und Serviererinnen fast zur Raserei trieb. Ich fragte mich, ob Rassenhass vielleicht etwas mit Neid zu tun haben könnte. Dann war da noch ein kastenartiger Typ, den wir Luggi nannten, weil er ein Fan Ludwigs II. von Bayern war und auf seinem von ihm sehr geliebten Tirolerhütchen immer einen «Kini»-Anstecker trug. Im Dienst hatten die Kameraden Kochhüte auf, sonst aber kamen sich die Könige der Savanne ohne die Jodlerhütchen fast schon nackt vor. Der vierte Mann fiel nicht besonders auf, er war eher still und lebte in guter Deckung hinter seinen Kollegen.

Die «Herren Mohammedaner», wie man sie auch gern nannte, bekamen besonderes Essen, denn die «Torggelstube» am Münchner Platzl war natürlich ein Hotspot der Schweinevertilgung. Weißwürste gab's in rauen Mengen, ebenso Schweinshaxen, Grillbäuche mit Kümmel und so weiter. Die Karte war dermaßen monotheistisch auf Schwein ausgerichtet, dass für unsere afrikanischen Gäste eigentlich nichts genießbar war. Allzu genau nahmen wir es mit den Ersatzspeisen aber nicht: Brieten wir als Personalessen Schweinswürstl, bekamen die Moslems in einer separaten Pfanne das Gleiche, nur schmissen wir ordentlich Kreuzkümmel dran und jubelten es ihnen als marokkanische Lammwürstchen unter. Ob sie Verdacht hegten, weiß ich nicht. Jedenfalls vertrugen sie die Würstchen bestens und schoben ihre schwellenden Wampen mit Präsentiergehabe durch die Küchengänge.

Es wurde Oktober. Für München ist diese Jahreszeit mindestens so beseelt wie Ostern für die Vatikanstadt. Von der weltberühmten «Wiesn» hatten auch die Afrikaner gehört, sie wollten ums Verrecken hingehen. Die «Torggelstube» hatte sonntags Ruhetag, und so machten wir uns auf. Obschon ich körperlich eine Riesenflasche war, führte ich gleichsam einen Trupp von Bodybuildern an. Die Herren trugen Sakkos mit maoartigem Rundkragen, die Ärmel spannten sich um gewaltige Bizepse, und auf ihren Ballonschädeln balancierten ihre ziemlich winzig wirkenden Tirolerhütchen. Von Black Power hatten sie offensichtlich nie etwas gehört: Öffnete sich die U-Bahntür, bauten sie sich links und rechts davon auf und machten einen tiefen Diener, auf dass ich zwischen ihnen hindurchschritt, anfangs mit vor Peinlichkeit hochrotem Schädel. Immer wieder bat ich die Kollegen, dieses Lakaiengetue bleibenzulassen – es half nichts. Die Passanten dachten sicher, ich sei Millionärssohn, ein Relikt aus dem Hochadel und auf jeden Fall ein begeisterter Kolonialist.

Auf der «Wiesn» herrschte der Lärmpegel eines Vulkanausbruchs, und er versetzte meine Mannen schlagartig in Euphorie. Das ganze Kinderprogramm wurde abgeeiert: Schiffschaukel, Berg- und Talbahn und diverse Karussells. An muslimisch korrekter Nahrung war allerdings nur Zuckerwatte aufzutreiben. Die Stimmung blieb trotzdem bestens. Von besoffenen Bavaria-Aborigines wurden wir nicht behelligt, was angesichts der beeindruckenden Erscheinung der Afrikaner eigentlich auch kein Wunder war.

Seit ich die vier kannte, waren sie standhaft gewesen und hatten nie einen Tropfen Alkohol getrunken. Allah muss sehr zufrieden mit ihnen gewesen sein, und dies war sicher der Grund ihres ständig heiteren Gemüts. Im «Hackerbräu»-Zelt bestellte ich mir die kleinste Maßeinheit Bier, exakt einen Liter, und Lummi orderte für seine Crew Coca-Cola. Der Kellner sah all seine Vorurteile über Schwarze bestätigt: Die waren direkt von einem Baum in sein Zelt gehüpft. «Wos, Cola? Spinnst du?», krächzte er genervt und fuhr mich an, ich solle mich mit meinen «Negern zupfen», wenn das Angebot hier nicht passe. Ich stammelte nur ein feiges «Is ja gut», der erbarmungslose Bierdepp schrie: «Von wegen Extrawürscht, wenn dia Nega koa Maß vertragn, dann sollns verrecka!», und trollte sich.

Natürlich kamen keine Colas, sondern fünf Humpen Bier. Meine Kollegen guckten etwas verängstigt, doch dann setzten sie die schaumgekrönten Töpfe an die Lippen. Nachdem sie sie wieder abgestellt hatten, verharrten sie mit nach innen gekehrtem Blick, als hätten sie mit dem Leben abgeschlossen und erwarteten, von Allah mit Donnerschlägen niedergestreckt zu werden. Doch nichts geschah. Ihre Gesichter hellten sich auf. Konnte es sein, dass ihr Imam sie jahrelang verarscht hatte, dass Bier gar kein Alkohol, sondern ein Nahrungsmittel war, wie es im bayerischen Gesetz sanktioniert ist?

Eine halbe Stunde später wackelten wir im Gänsemarsch zur Klobaracke, meine Kollegen bereits in friedfertigem Passgang. Ihre Krüge waren leer, die Jungs selbst hingegen voll. Sie hatten nur je einen Liter Bier intus, waren aber mangels Übung noch um einiges lustiger als sonst.

Als wir ins Zelt zurückkehrten, schwelgten andere Gäste schon feste im Delirium: Auf dem Nebentisch hopsten jodelbesessene Japaner herum. Die Afrikaner gesellten sich dazu. Ein Japaner steckte unserem schwarzen «Kini» ein Stück rote Wurst ins Maul. Luggi hielt inne, als hätte er Mohammed beim Steppen entdeckt. Er war eine kulinarische Hochbegabung. Jetzt schmeckte er endlich das, was Deutschland lebenswert macht. Und er sah, dass es gut war. Es war ein Moment von koranischer Wucht. Luggi stieg vom Tisch, setzte sich ruhig, ja ergriffen neben mir auf die Bank. Flüsternd raunte er mir ins Ohr: «Massa, German Wurst is wonderful! Is it pork, Massa?»

«Yes», antwortete ich, «the Bavarians eat pork a lot and they look like it, and all around is porky.» Ich wollte eigentlich mein Missfallen über das ganze Inferno hier kundtun, aber Luggi war auf einem anderen Trip. «Yeah! Porky, that's it. Oh, it's not normal pork, it is wonderful Bavarian pork.»

Es wurden Würste en masse geordert, Häuptling Lummel schien durch eine Direktleitung zum Propheten den Dispens zur Wurstvernichtung erworben zu haben und sagte mir: «Massa, nix Problem, bevor sterben, du kannst alles essen. Allah schaut weg!» Der Islam ist eine prima Religion: Alles ist eine Frage des Blickwinkels und der Auslegung. Die «Black Cooking Mafia» hatte an diesem Tage jedenfalls ihre ökumenische Feier.

Der Bierträger trabte heran, denn Würscht machen Durscht. Als der gelöscht war, kam wieder die Lust auf Würscht, und irgendwann war dann alles wurscht. Sogar der Schankkellner bekam Respekt: «Du, dei Nega, die kenna fressen, do schnallst ab!»

Postillion

Mein alter VW Käfer war kaputt gegangen, der Motor hatte sich buchstäblich in seine Zahnrädchen aufgelöst. Ein Kumpel besorgte mir in einer Münchner Hinterhofwerkstatt für vierhundert Mark einen Austauschmotor. Der hatte keine Motornummer, der Monteur wollte das Geld cash, und eine Rechnung oder Garantie gab's nicht. Irgendwie hatte ich das Gefühl, dass in München alles um mich herum nicht mehr zu einem soliden Werdegang beitragen konnte. So hart und schwierig die Arbeit im Gourmetrestaurant gewesen war, so eintönig gestaltete sich die Kocherei in der «Torggelstube», ja, sie hatte etwas von Fabrikroutine. Man wusste genau, wann Feierabend war, und ließ pünktlich seine Pfanne fallen. Damit ein Koch kreativ bleibt, muss er aber ständig auf Trab gehalten werden. Bloß, wie soll das gehen, wenn man für Bankettessen zweihundertmal Lachs aufzuschneiden hat? Wir kochten nicht, wir produzierten.

Es war Zeit, dass ich mich vom Acker machte. Die Formulare für die Meisterprüfung waren abgeschickt. Eigentlich hatte ich nicht genug Praxis vorzuweisen, aber da meine Zeugnisse recht ordentlich waren und mein Vater endlich einen guten Betreiber für das Restaurant in Schwäbisch Gmünd haben wollte, bekam ich von der Industrie- und Handelskammer eine Ausnahmegenehmigung.

Der Meisterkurs fand in Baden-Baden statt. Anfang November 1973 rückte ich ein. Es gab viel theoretischen Unterricht, und ich fand das alles sehr interessant, vor allem die Vorlesungen eines Professors der Hotelfachschule Heidelberg. Günter Rachfahl hieß der rhetorisch hochbegabte Mann, und ein Bild ist mir noch besonders deutlich vor Augen. Hoch aufgerichtet stand er hinter seinem Katheder und dozierte zu unserer gewaltigen Freude: «Mit der Hygiene ist es so eine Sache, Jungs. Schaut, dass ihr eure Suppe an die Gäste bringt, bevor im Kühlhaus das Leberknödel-Blasorchester spielt.» Er meinte damit in Gärung übergehende Altsuppenbestände und warnte uns auch vor allzu großer Sparsamkeit: «Wenn ihr glaubt, mit irgendwelchen ‹Kühlhausfindlingen› die Karte bereichern zu müssen, um aus dem letzten Gammel eine gute Verwertung herauszupressen, dann werdet ihr scheitern! Ein bisserl Schwund hat man immer, aber lieber beim Material als durch fliehende Gäste!» Keine Frage: Er hatte recht.

Ich genoss diese sechs Wochen, denn vor der Übernahme des väterlichen Restaurants war mir etwas bang. Ich wohnte bei einem anderen Kursteilnehmer in Untermiete und fror erbärmlich, denn er hatte kein Heizöl mehr im Tank: Es war mitten in der Ölkrise. Der erste autofreie Sonntag hatte etwas Gespenstisches, ließ einen aber auch ahnen, wie ruhig und entspannt die Welt ohne Autos sein könnte. Mein Kumpel, ein wunderbar lustiger Kerl namens Pavel, war nach dem Scheitern des Prager Frühlings aus der Tschechoslowakei geflüchtet. Er sah aus, als wäre er für die missglückte Revolution ganz allein verantwortlich gewesen. In seinem Häuschen wärmten wir uns am offenen Gasherd, bis auch diese Energiequelle abgedreht wurde. Pavel war total pleite, ich war es auch, und so passten wir prima zusammen.

Wir bewarben uns bei der Baden-Badener Volkshochschule darum, Kochkurse zu geben. Mit Erfolg. Für jede Wochenstunde bekamen wir zwanzig Mark Lohn und fünfzig Mark, um Lebensmittel einzukaufen. Pavel war ein Überlebensgenie, und da er sich in der Küche seiner böhmischen Heimat gut auskannte, wurden in den Kursen ständig preiswerte Mehlspeisen zubereitet. Fast immer gab es Buchteln oder sonstige Gerichte aus armen Zeiten. Mit einem lächerlichen Wareneinsatz von zehn Mark regelten wir den Unterricht, den Rest des Betrags verjuxten wir und konnten die Baden-Badener Zeit so einigermaßen angenehm gestalten.

Gegen Weihnachten ging die Meisterschule dem Ende zu, und in «Brenners Parkhotel» wurde unser Prüfungskochen abgenommen. Alle taten sich zusammen, um den lustigen Pavel über die Hürden dieses Abends zu retten. «Vincent, was ist sich das für eine Scheiße ‹Filet Wellington›? Habe ich noch nie nixe davon gehört!» Wir Prüflinge waren alle nur halbgebackene Köche, aber jeder half jedem, und gemeinsam waren wir nicht zu schlagen. Der berühmte Patissier des «Brenners», ein kleines Männchen, das sich ständig mit ein bisschen Likör selbst «abschmeckte», griff uns zusätzlich unter die Arme und spendierte den weltbesten Blätterteig. Pavels Pampe verschwand unbemerkt in der Mülltonne. Er hatte zwar genauso viel oder wenig Ahnung vom Kochen wie wir, aber damals wurde die Küchenfachsprache Französisch noch sehr gepflegt und war für ihn fast nicht zu kapieren. Ständig jammerte er: «Bin ich geflichtet nach Deutschland und nixe nach Franzose. Iste sich Unverschämtheit, deutsche Sprach mit so viel feranzose gemixe!»

Die Prüfer waren vom Charme dieses «Soldaten Schwejk» dermaßen hingerissen, dass Pavel die Prüfungsurkunde mit Bravour einsackte. In den festlichen Räumen der Industrie- und Handelskammer, die man durchaus als kleines Schloss bezeichnen konnte, bekamen wir unsere Meisterbriefe in die Hände gedrückt. Stolz reiste ich heim nach Schwäbisch Gmünd und zeigte das golden gerahmte Papier meinem Vater, der den «Postillion» gerade für mich renovieren ließ.

Ein Meisterbrief ist keine sensationelle Auszeichnung, denn es gibt gute und schlechte Meister. Mit meiner geringen Erfahrung – ich war ja erst 24 Jahre alt und quasi im Schweinsgalopp zu dieser Anerkennung gekommen – hatte ich letztlich zu wenig Ahnung, um ein Restaurant zu starten. Das Lokal war bald schön hergerichtet, aber die mickrige Einrichtung der Vorgänger empfand ich als geschäftsschädigend. Ich wackelte zur Volksbank, um dem Bankdirektor meine Pläne darzulegen. Die frühen siebziger Jahre waren goldene Zeiten für Firmengründungen. Noch glotzten die Banker nicht nur auf Monitore und verhedderten sich im virtuellen Dealen, sondern sie guckten sich ihre Kunden genau an.

Der Direktor empfing mich mit den polternd gesprochenen Worten: «Du bist also der Junge vom Alten!» Er entsprach nicht dem Klischee des zigarrenqualmenden Big Boys, wie man sie so oft in der Belle Etage von Banken fand, sondern wirkte eher wie ein Sportsmann. Ein zerfurchtes Gesicht zeigte sich mir mit allerdings schon sich bildender Halbglatze, deshalb aber nicht weniger respekteinflößend. Ich murmelte ein unterwürfiges «Ja», und er fuhr fort: «Wie viel brauchsch denn?»

Ich nahm all meinen Mut zusammen: «Ungefähr dreihunderttausend sollten es schon sein.» Wohlgemerkt: Die Rede war von der harten D-Mark, die damals ungefähr den doppelten Wert des heutigen Euro hatte.

Der Mann hinter dem großen Schreibtisch war skeptisch: «Reicht das auch wirklich?»

Das hatte ich nicht erwartet. «Tja, vielleicht brauch ich auch fünfzigtausend mehr, man weiß ja nie, wie teuer alles wird.» Tatsächlich musste zur Gaststätteneinrichtung noch eine nagelneue Profiküche eingebaut werden. Der Bankchef polterte jovial: «Geh nunter an den Schalter und unterscheib, des geht klar, morgen kannscht dir deine Schecks abholen.»

Ich konnte es kaum fassen, wie reibungslos das alles vonstatten ging, ahnte aber auch nicht, wie sehr ich die nächsten zehn Jahre ächzen würde, um den Kredit wieder zurückzuzahlen.

Kurz zuvor hatte ich meine zukünftige Frau kennengelernt. Ich muss heute noch ihren Mut bewundern, dass sie das Risiko einging, sich mit mir einzulassen. Vielleicht, so hoffe ich, lag es auch daran, dass ich gar nicht so übel aussah und obendrein eine wahnsinnig optimistische Art zeigte, nicht zu vergessen mein breiter Ladykiller-Schnauzbart, mit dem ich prima den harten Kerl vortäuschen konnte.

Mein VW Käfer, der «Saure Fritz», hatte einen Hartschalen-Rennsitz, verchromte Porschefelgen auf verbotenen Distanzscheiben, einen vergrößerten Auspuff, ein Rennlenkrad, Leuchtstreifen überm Dach und sah genügend wild aus, um selbst Porsches auf Distanz zu halten. In Wahrheit röchelte die Scheißkarre mühsam mit dem illegal reingepfriemelten Motor aus München, der die Kiste gerade mal auf hundertzehn Stundenkilometer brachte. Im Innenraum war nicht einmal eine Rückbank eingebaut, sondern ein kleiner Clubsessel stand hinten drin, der jederzeit entnommen werden konnte, um größeres Stückgut zu transportieren.

Unsterblich verliebt holte ich Elisabeth mit diesem Gefährt vom Zug ab, öffnete ihr galant die Autotür und bat sie, auf dem Boudoirsesselchen Platz zu nehmen. Die Lady zuckte nicht einmal mit den Wimpern, und da ich wegen des Volksbankkredits schwer bei Kasse war, lenkte ich die Fuhre schnurstracks zu «Da Bruno», einem für damalige Verhältnisse teuren Edelitaliener, der uns Meeresfrüchtesalat und Filetto Arrabiata auftischte. Das Essen war gut – und seine liebesstiftende Wirkung enorm. Von diesem Moment an waren wir unzertrennlich. Unsere «wilde Ehe» sorgte in Schwäbisch Gmünd, das erzkatholisch mitten im protestantischen Württemberg liegt, gerne auch als «Schwäbisch Nazareth» gehänselt wurde, für nachhaltiges Geraune.

Drei Wochen später, am 15. Februar 1974, wurde das Restaurant «Postillion», das seit acht Jahren vom Vater verpachtet war, neu eröffnet. Als wir am ersten Abend die Eingangstür aufschließen wollten, fanden wir den Schlüssel nicht. Wir hatten ihn im allgemeinen Durcheinander und von Lampenfieber geschüttelt kurzerhand verlegt. Die angemeldeten Gäste mussten das Lokal durch den Hintereingang betreten und die Küche durchqueren. Wären wir abergläubisch gewesen, hätten wir sofort das Handtuch geworfen. Es ging aber alles gut, und die Gäste fühlten sich wohl.

Fortan schufteten die Wirtsleute mit dem Elan und der Unbekümmertheit der Jugend: «learning by doing», wie das auf Neudeutsch heißt. Nach einem Monat wollte der Steuerberater die Buchhaltung machen und erkundigte sich nach den Kontoauszügen. Die hatte ich wie gewohnt einfach weggeschmissen, denn darauf konnte man nur erkennen, wie sich das Plus langsam ins Minus verkehrte, und von solch schlechtem Omen wollte ich mir nicht den Tag versauen lassen. Während ich diese Zeilen hier schreibe, wird mir immer noch ganz schlecht.

Gemeinhin nimmt man an, um ein Restaurant zu betreiben

genüge es, dass jemand kocht und jemand serviert. Ich hatte noch zwei Köche in meiner Küche, und Elisabeth regelte mit zwei Bedienungen die Gaststube. Meine Frau war tüchtig, und ich kochte, was die Pfannen hielten. Wir waren aber nicht nur Serviererin und Koch, sondern auch Wirtsleute, und einen Betrieb zu leiten erfordert finanztechnische Kenntnisse, die wir uns erst mühsam aneignen mussten. Geschick im Umgang mit Gästen ist ebenfalls wichtig, denn damit diese sich wohl fühlen, genügt es nicht, nur ihre Mägen zu füllen.

Ich versteckte mich deshalb nicht in der Küche, sondern begrüßte die Gäste. Die sehr konservativen Gold- und Silberwaren-Fabrikanten meiner Heimatstadt waren eine schwierige Kundschaft, aber sie verfügten über Geschmack und Weltläufigkeit. Sie hatten Geduld mit uns, und wir hörten auf ihre Ratschläge, die sich durchaus zu Befehlen auswachsen konnten. Ich sah so blutarm aus, dass mich alle Welt duzte, und in der dritten Woche sagte mir der Fabrikant Franz ins Gesicht: «Du, Herr Klink, Sie sehen aus wie ein Zigeunerbaron. Ich wünsche, dass Sie Ihren Schnauzbart abschneiden.» Ich tat, wie mir geheißen, obwohl ich das Gefühl hatte, einzig dieser Bart halte mein Milchsuppengesicht zusammen.

Das Restaurant war von Beginn an gut besucht. Auf der Speisekarte stand nicht viel, aber alles war frisch gekocht, es gab keine Konserven, und auf gute Ware legte ich schon zu jener Zeit großen Wert. Im Grunde lief alles auf eine französisch inspirierte Regionalküche hinaus, kräftig gewürzt und ohne Faxen und Verzierungen serviert. Bis heute hat sich an meinem Berufsethos und auch an meiner Art zu kochen nicht viel geändert. Nie machte ich mir große Gedanken, was der Kundschaft wohl schmecken könne. Bereits in der Anfangsphase hatte ich bei aller Unsicherheit so viel gefestigtes Ego, dass das gekocht wurde, was mir schmeckte. Durchaus ahnte ich manchmal bei gewissen Gästen ein Unvermögen, wirklich genießen zu können. Doch ich glaubte felsenfest an mich und an einen mir Gefolgschaft leistenden Gästekreis, der kulinarisch genauso empfand. Manche Gerichte zogen die Kundschaft an, zum Beispiel Zürcher Geschnetzeltes oder das Schweizer Sahnesteak, ein Schweinerücken mit Schinken und Käse überbacken.

Der Renner war jedoch Forelle, ob blau gekocht oder mit Mandeln gebraten. In einer Mauernische des Lokals leuchtete, mit Speziallampen illuminiert, ein Aquarium, in dessen sprudelndem Wasser sich die Fische tummelten. Der Gast wurde gebeten, sein Opfer selbst auszusuchen. Er war sich bewusst, für seinen Genuss ein lebendes Tier ins Jenseits zu befördern. Damit war weniger Heuchelei im Spiel als heute, wo diese Tatsache geflissentlich verdrängt wird und so auch der Respekt vor tierischer Nahrung weitgehend verlorengegangen ist.

Bis auf einige Klassiker – der schwäbische Rostbraten mit frischgerösteten Zwiebeln und Spätzle wurde bald berühmt – wechselte die «Postillion»-Karte täglich. Ich konnte einen Fischhändler auftreiben, der frische Meeresfische herbeischaffte. Das war etwas ganz Besonderes, weil damals überall nur Tiefkühlfisch zu haben war. Die französischen Importpapiere wurden deshalb in den Schaukasten vor dem Restaurant gehängt.

Die Portionen waren ziemlich groß, mehrere Gänge zu essen war noch nicht ins Schwabenland vorgedrungen. Die preiswerte Kalkulation hielten herzhafte Trinker halbwegs im Lot. An meiner Bürowand hängt zur Erinnerung ein Rechnungszettel der Eisengießerei Gatter & Schüle. Mittagessen 19. Juni 1974: Viermal Schnecken in Kräuterbutter (26,40 DM), drei Rinderfilets (54,00), eine Scholle gebraten (13,60 DM), ein Schweinekotelett «Zigeuner Art», also mit Paprikastreifen (11,50 DM), neun Malteserschnäpse zu 13,80, neun Pilsbiere, ein Viertel Haberschlachter Trollinger, vier Viertel Achkarrer Spätburgunder, diverse Zigarren. Dieses Mittagessen für fünf Geschäftsleute kostete zusammen 162,10 Deutsche Mark.

Nouvelle Cuisine

Das Geschäft ging bergauf, und wir investierten ständig in die Qualität unseres Angebots. Französische Poularden wurden bestellt, für die man in dieser Vor-EU-Zeit sieben verschiedene Importpapiere benötigte. Einmal, oft auch zweimal wöchentlich fuhr ich noch bei Dunkelheit in aller Herrgottsfrühe nach Stuttgart auf den Großmarkt und zum Fischhändler; die Jagd auf für damalige Verhältnisse noch exotische Zutaten wie Steinbutt, Doraden, Hummer, Meeresalgen sowie französische Wachteln und sonstiges Geflügel war immer ein Abenteuer. Solche Ware kostete ihren Preis, den wir oft nicht in angemessener Weise an die Kunden weitergeben konnten. Bereits bei der Eröffnung war der «Postillion» das teuerste Restaurant der ganzen Gegend. Mit anderen Worten: Wir kochten besser, als die Kundschaft zu zahlen bereit war, und so begleiteten ständige Geldsorgen die ersten zehn Jahre unserer Arbeit.

Einem großen Kollegen, unserem Vorbild, ging es nicht viel anders: Eckart Witzigmann hatte in München bereits 1972 mit dem «Tantris» begonnen, doch die traditionelle Kundschaft nahm das anfangs kaum zur Kenntnis. Dann aber, kurz nachdem ich im «Postillion» gestartet war, ging das «Humplmayr» pleite. Eine neue Zeit hatte begonnen, und eine ungeheure Begeisterung ergriff manche Kollegen und mich. Wir hatten schon immer wie die Teufel gekocht, aber nun richteten wir uns ganz nach den französischen Weltmeistern. Gar nichts mehr wurde vorgekocht, die «Bain Marie», das Wasserbad, in dem die Soßen warm gehalten wurden, hatte ausgedient. Absoluter «à la minute-service» fand statt, auch wenn die Kundschaft auf dem Land nicht so schnell folgen konnte wie beispielsweise in München. Dort wirkte Witzigmanns Können kulinarisch wie ein Donnerschlag und krempelte das gastronomische Bewusstsein total um.

Auch im Kaiserstuhl tat sich etwas: Franz Keller Junior bekochte den «Schwarze Adler» in Oberbergen, der Senior betrieb mit Fanatismus sein Weingut und veranstaltete buchstäblich eine Revolution, indem er Weine trocken ausbaute. Der alte Franz, mit dem ich mich später anfreundete, war ein Spezi von Paul Bocuse. In weiser Voraussicht und im Wissen, mit Rostbraten allein keine gastronomische Zukunft gestalten zu können, hatte er seinen Sohn in der französischen Provinz die Lehre absolvieren lassen. Klein-Franzens erste Station war bei Paul Lacombe mit seinem «Léon de Lyon», dann wurde er zu Michel Guérard und später zu Paul Bocuse verpflanzt, um die «neue Küche» zu erlernen.

Der Ansatz der «Nouvelle Cuisine» bedeutete ursprünglich ein dringend notwendiges «Zurück zur Natur», weg von den Segnungen der Nahrungsmittelindustrie, der Tiefkühltruhe und anderen Errungenschaften, die man damals noch für fortschrittlich hielt. Es ist kein Zufall, dass dieser Küchenstil in einer Zeit entwickelt wurde, in der man sich erstmals ernsthaft Gedanken über Umweltschutz machte. Wir deutschen Köche waren von diesen Ideen begeistert, aber das Maßhalten ist uns nicht in die Wiege gelegt. Es gilt vielmehr: «Deutsch sein heißt extrem sein.»

Man denke nur an meinen Kumpel und Kollegen Hubert Freund, der in Freiburg die «Eichhalde» betrieb. Als Amuse

Gueule zu einem Silvestermenü servierte er einmal ein Schweinsohr und ein Kalbsauge, beides roh und krude glotzend auf feudalem Porzellan. Er wollte seiner Kochkunst intellektuellen Schub geben und mit der Teller-Installation seinen entsetzten Gästen gegenüber den pädagogischen Zeigefinger heben: «Hier gibt's Nouvelle Cuisine. Hört, was ich euch sage, und sehet, was hier gleich serviert wird!»

Damit nahm er etwas vorweg, nämlich dass Essen Kunst ist, und zwar in einer totalen Art, die mit Nahrungsaufnahme nichts mehr zu tun haben muss und schon gar nicht mit Sattwerden. Sein Amuse Gueule signalisierte die soziale Funktion des Beisammenseins bei Tisch, die Rituale, aber auch die Anzeichen des Degenerierten, der Übersättigung und dass man sich zum Essen einfinden kann, die Speisen jedoch nur noch Codes sind. Über diese zu reden, nachzudenken, darauf kam es an – ob das alles essbar war, trat in den Hintergrund. Blicken wir heute auf die Molekularküche, so ist uns diese Gedankenwelt nicht unbekannt.

Dennoch: Die «Nouvelle Cuisine», wenn sie maßvoll praktiziert wurde, ergriff das feinschmeckerische Deutschland im Sturm. Mit der neuen Art zu kochen banden sich neben dem bereits etablierten «Guide Michelin» die ersten Restaurantkritiker das Brusttuch unters Kinn. Klaus Besser, Wolfram Siebeck und Gerd von Pazcensky waren die Pioniere und bewegten viel. Sie sorgten dafür, dass die kochende Zunft vermehrt ins Gespräch kam. Die großen Tageszeitungen und sonstige Intelligenzblätter nahmen die kulinarische Entwicklung überhaupt nicht wahr, die Chefredakteure rümpften die Nasen. Immer noch galt: «Intelligenz säuft, und Dummheit frisst.»

Dieser Schwachsinn hat sich gottlob überlebt. Umgekehrt gab und gibt es genügend Gourmets mit Hirnvakuum, die glauben, wer Tafelkultur in sich reinfresse, werde automatisch zum Kulturmenschen. Und in den achtziger Jahren begann in neureichen Kreisen das organisierte Showtrinken. So mancher gut mit Geld versorgte Banause wähnte sich beim Trinken eines hundert Jahre alten Bordeaux gleich als Historiker und promoviert dank einer exorbitanten Rechnung. Gewisse Connaisseure schwangen sich zu hysterischen Edelzungen hoch, denn jede neue Bewegung ist auch ein Trend, an den Profilneurotiker gerne andocken.

Doch die positiven Aspekte überwogen, und ein frischer Wind vertrieb den altdeutschen Küchenmief. Damit kam auch ein verschärfter Wettbewerb auf, der die Feinschmeckerei in die Nähe einer Sportart brachte. Die «Nouvelle Cuisine» wird heute noch beim allgemeinen Publikum missverstanden, deshalb will ich die Grundsätze hier aufzählen, die für mich nach wie vor Gültigkeit haben:

1. Das Gericht soll nach dem schmecken, was es ist. Saucen sind nicht dazu da, das Aroma des Hauptproduktes geschmacklich zu übertönen, sondern sollen das Gericht harmonisch ergänzen, abrunden und seinen Geschmack steigern. Ausgewogenheit ist das Ziel, nicht donnernder Würzpower, der allen Eigengeschmack der verwendeten Produkte übertönt.

2. Aroma behalten die Produkte nur, wenn sie nicht kaputt gekocht, tot gebraten oder zu lange auf dem Grill malträtiert werden. Auch Fisch sollte noch fest an der Gräte sitzen und seinen Saft behalten haben. Natürlich erfordert eine solche Präparation wirklich frische Ware. Gemüse ist besonders empfindlich, es soll fest bleiben, nicht weich gekocht werden. Bei zu starkem Kochen verschwindet das gesamte Eigenaroma im Wasser, im Dampf oder in der Pfanne.

3. Auf dem Gebiet der Saucenherstellung hat die Küchenre-

form am stärksten durchgeschlagen. Die Mehlschwitze (Roux) und das Mehl als überflüssige Dickmacher und Aromatöter kamen nicht mehr zur Verwendung. Fonds, Grundbrühen aus Gemüsen, Gewürzen, Fleisch, Fisch, Wild, Schalentieren bleiben ohne Mehl die Basis einer guten Sauce. Sie müssen für den Tag frisch zubereitet werden. Für die Endfertigung der Saucen kommen in Frage: Fleischsaft, Fischsaft, Weine, frische Sahne, frische Butter, frische Gewürze, Salz und Pfeffer sowie Eier. Dabei arbeitet die «neue Küche» sehr sparsam mit Fetten und Eiern und fügt sie nur in einer dem Körper zuträglichen Menge hinzu. Saucen sollen nicht mehr Sargnägel sein. Vorsicht also vor übermäßig erhitzten Fetten, die schwer verdaulich sind und den Kreislauf besonders belasten!

4. Nichts Aufgewärmtes und keine Tiefkühlware.

Diese paar Regeln machen bis heute die gute Küche aus, und sie konnte man in den Büchern des Restaurantkritikers Klaus Besser nachlesen. 1977 erschien im Ullstein Verlag eine ganze Serie von ihnen, und sie veränderten mein Leben: «Die hundert besten Rezepte der großen Köche Europas» und «Die große leichte Küche» mit Rezepten von Michel Guérard. Letzterer, ein hochintelligenter Koch, behauptete zu Recht von sich: «Ich mache die Küche des 21. Jahrhunderts!» Der Mann nahm den Mund nicht zu voll. Sein Buch ist heute noch wichtig für mich.

Eine ganz neue Welt des Kochens tat sich auf, und wenn am Ruhetag das Restaurant geschlossen hatte, waren wir unterwegs, um in Frankreich zu essen und essend zu lernen. Paul Haeberlin in Illhäusern etwa war ein großes Vorbild. Wir klapperten ein Restaurant nach dem anderen ab, und zu Hause wurde dann versucht, die Erfahrungen umzusetzen. Gleich zu Anfang besuchten meine Frau und ich das «Tantris», und wenn ich eines wirklich bedauert habe, dann den verfrühten Beginn in Schwäbisch Gmünd: Hätte ich nur ein Jahr lang bei Witzigmann gearbeitet, ich hätte viel Geld gespart. So jedoch musste ich mir alles selbst zusammenreimen und investierte jede Mark, die übrig blieb, in Restaurantbesuche.

Im Keller von Paul Bocuse

Für den ersten größeren Urlaub wurde alles verfügbare Geld zusammengekratzt, und ab ging es gen Süden. Das Rheintal hinunter, durch die Burgundische Pforte, Dijon ließen wir rechts liegen, um dann an den burgundischen Weinbergen entlangzufahren. Bald hatten wir das Lyonnais erreicht, das Zentrum der französischen Kochkunst. Wir waren in unserem VW Variant, den Vater mir spendiert hatte, weil er sich für den «Sauren Fritz»-Käfer schämte, bereits im Morgengrauen losgefahren, sodass wir mittags vor dem Restaurant Paul Bocuse parken konnten, dem berühmtesten Wallfahrtsort der Feinschmeckerei.

Unversehens befanden wir uns in einer anderen Welt. Das Gebäude war mit einer Art Lüftelmalerei verziert, welche die französische Küchengeschichte widerspiegelte. Es mutete uns schwäbischen Landeiern ziemlich luxuriös an: Am Eingang empfing uns ein schwarzer Diener, mit Tressen und Bordüren herausgeputzt wie ein Sarottimohr. Wenig später versanken wir in Louis-Seize-Armstühlen unter goldgehöhter Stuckdecke, inmitten einer Wandbespannung aus kardinalrot schimmernder Moiréeseide. Der Laden war proppenvoll und im schlaraffigen Sonntagstaumel. Er wirkte ganz und gar nicht wie eine heilige Halle oder ein Tempel, sondern präsentierte sich als ein lebenspraller, bacchantischer Ort. An allen Tischen schwelgten Familien, um mich wogte reiches Matriarchat, überall schwer gefüllte Blusen despotischer Mütter und Großmütter, denen die im Lokal umhertollenden Enkel egal waren. Ich fragte mich, warum die älteren Herren, meist schweigsam und melancholisch, am Treiben nicht teilnahmen: Dachten sie immerfort schon an die Rechnung?

Elisabeth und ich mussten jedenfalls selbst bezahlen, weshalb wir die Speisekarte von rechts nach links lasen: erst die Preise, denn die verstanden wir auf Anhieb. Wenig Durchblick war hingegen bei den vielen französischen Fachbegriffen möglich, wenngleich wir uns im Elsass schon etwas Erfahrung geholt hatten. Schließlich suchten wir Zuflucht beim sonntäglichen Festmenü, das uns, Menge und Preis betreffend, am vorteilhaftesten erschien.

Eher verstört als heiter saßen wir in der bleischwer dekorierten Bocuse'schen Kulisse. Von einem Ölgemälde blickte der Maître in Siegerpose auf uns herab, weiter hinten sah man seine Gemahlin in Essig und Öl und goldbarock gerahmt. Das war meinem Wohlbefinden nicht gerade zuträglich. Überdies wurde mir klar, dass meine Seidenjerseyjacke nicht das passende Outfit war. Das Feingestrickte in kräftigem Rot erschien mir unvermittelt als überschallrot, und zu allem Übel protzte an der Schulter ein Angeberetikett mit der Aufschrift «Les Copains». Plakativ signalisierte es einen Schwarzgeld-munitionierten Kleinunternehmer. Es war mein bestes Stück, und weil es so viel gekostet, hatte ich mich vor der französischen Grenze noch für ziemlich «en vogue» gehalten. Hier aber kündete es von teutonischer Wirtschaftswunder-Geschmacklosigkeit. Mir blieben die Blicke von den Nachbartischen nicht verborgen. Sie sahen mich an, als sei ich ein Dorschangler, der in kurzen Sepplhosen und Tirolerhut mit der Aquavitflasche in ein Foto grüßte.

Madame Bocuse defilierte durchs Lokal, sah nach dem

Rechten, jedoch konsequent an uns vorbei. Kellner, feinere Herren als die anwesende männliche Kundschaft, rückten Gläser oder erledigten irgendwelche Verlegenheitsarbeiten. Jeder Tisch war bei drei Obern in Pflege, das Personal gegenüber den Gästen in erdrückender Überlegenheit. Ein-, zweimal segelte Paul Bocuse an unserem Tisch vorbei, um dann unversehens für einen Moment bei uns stehenzubleiben. War es mein demonstrativ gesegneter Appetit oder weil meine Frau mit kennerischer Routine ihren Fisch auf dem Teller von den Gräten befreit hatte? Der Meister erkundigte sich nach meiner Profession, unserem Woher und Wohin. Ich antwortete in holprigstem Touristenfranzösisch und gestand ihm meine Berufszugehörigkeit.

Nach dem obligaten Champagneraperitif hatten wir eine Flasche Meursault-Weißwein zu bewältigen, um die Fischvorspeise angemessen zu flankieren, den legendären Loup en croûte. Bocuse kam nach diesem Schmaus wieder vorbei, zog einen Stuhl vom Tisch und nahm darauf Platz. Er blieb sitzen. Welche Ehre, welcher Wahnsinn! Ich war hin und her gerissen zwischen Schwindelanfällen und dem pulsierenden Hochgefühl einer gewährten Audienz: Der berühmte Paul akzeptierte mich als Kollegen und bot zur Zwischenverdauung einen Schnaps an.

Das tat er in bester Absicht, doch ich geriet in große Not. Den quantitativen Anforderungen eines Gourmetmenüs mit unzähligen Gängen war ich kaum gewachsen und Elisabeth schon gar nicht. Um mich ja nicht als Landei lächerlich zu machen, hatte ich zum Hauptgang den besten Tropfen, der den Kieseln des Rhônetals entwuchs, bestellt, einen Côte Rôtie mit dreizehneinhalb Volumenprozent. Der Wein war älter als ich und harmonierte mit dem Entrecôte à la moelle aux truffes besser als mit mir. Nicht anders ging es mit dem Banyuls-Süßwein, der später dann zum Dessert gereicht wurde. Frankreich ist nicht das Land der Viertele, und so kriegte ich langsam einen Knick in der Optik, fühlte mich irgendwie wattiert und merkte gar nicht, dass Bocuse sich erhob, um auf einen anderen Tisch zuzusteuern.

Meine Krawatte war längst mit allen Spezialitäten des Hauses imprägniert und sah aus wie ein Action Painting von Jackson Pollock. Ich hätte den Sudellappen unter Acryl sichern sollen als Dokument empirischer Essensbewältigung, Signet des Lernens und Mühens mit der Lust. Durch die Alkoholnebel konnte ich schemenhaft ausmachen, wie Dessertwagen auf uns zurollten. Drei Gefährte mit jeweils drei Etagen Süßwerk der formidabelsten Sorte: Sorbets, Crèmes, karamellbetupfte Saint-Honoré-Torten, Œufs Neige, Crèmes Caramels, Kompotten und Törtchen mit bunten Beeren gekrönt; ein orgiastisches Gebirge der Gaumenlust, das ich trotzig zu erklimmen gedachte. Es war ja alles im Menü inbegriffen.

Mittendrin mit hektisch gefärbten Erdbeerbäckchen meine Gattin Elisabeth, eine wahrlich knackige Maid – und fit: Sie hatte ausschließlich Mineralwasser getrunken, während es mir oblag, diskret ihre Weingläser zu leeren. Bocuse nützte meine Wehrlosigkeit schamlos aus und nahm Elisabeths Dekolleté gründlich in Augenschein. Sie war im Himmel ihrer beruflichen Ambitionen. Ich gab mich fatalistisch dem Schwelgen hin, es schmeckte wunderbar, aber irgendwann ging beim besten Willen nichts mehr in mich hinein.

Wenig später erschien Meister Bocuse mit monarchischem Gestus erneut an unserem Tisch, vielleicht fühlte er sich von meiner untertänigen Dorfbubenbegeisterung geschmeichelt oder war von unserer Jugend karitativ gerührt. Jedenfalls hebelte er mich aus dem Brokatpolster, indem er mich aufforderte, ihn zu begleiten. Ich hatte nicht richtig kapiert, was er wollte.

Wir stiegen eine Treppe hinab und gelangten in einen Keller, der früher als Garage für Kutschen gedient haben mochte. Mir blieb vor Staunen der Mund offen stehen: In dem großen Raum nahm eine Jahrmarktsorgel eine ganze Wand ein. Das Gerät, reichlich mit goldenen Ornamenten und Applikationen verziert, hatte annähernd die Größe eines Eisenbahnwaggons. Es war ausgestattet worden, um größere Festplätze durchzuschütteln. Der Hausherr zog alle Register, und das Ungetüm machte genau das, was von ihm erwartet wurde. Ein infernalischer Orkan dröhnte aus den Orgelpfeifen. Mir stellte es die Nackenhaare auf, es war das reinste Erdbeben, doch das darüber liegende Restaurant und die umliegenden Häuser hielten wacker stand. Ruckartig war ich wieder nüchtern geworden, Elisabeth dagegen hatte sich mit schreckweichen Knien auf einen Stuhl gesetzt.

Bocuse, von unserer Verblüffung aufs angenehmste berührt, strahlte wie ein Kind bei der Weihnachtsbescherung. Er hatte auch sonst seine Spleens: Als die Saône ein Jahrhundert-Hochwasser führte, stellte sich der bereits ältere Herr bei Eiseskälte in Badehose auf ein Surfbrett, um salutierend an der Fassade seines Restaurants entlangzufahren. Ohne flankierende Spinnereien können Männer keine Großtaten bewältigen. Kinder sind es, welche die Welt vorwärtstreiben, egal, wie alt sie sind.

Nach unserem Keller-Erlebnis langten wir wieder im oberen Stockwerk an. Ich war nur noch bestrebt, die Fasson zu wahren und darauf zu achten, dass vom Menü alles drinnen blieb, was für teures Geld reingeschoben worden war. Es ging dann doch noch alles gut über die Bühne. Die Rechnung beglich ich mit demütigem Fatalismus und gab aus Unsicherheit zu reichlich Trinkgeld. Nach einem Abschiedskirschwasser und dem krachendem Schulterklopfen des Patrons schaffte ich es mit immer wieder einknickendem Gebein bis zu unserem kotgrünen Wagen.

Mühsam die Spur haltend, zuckelten wir ein paar hundert Meter an der Saône entlang, dann hielten wir abrupt im Straßengraben an. Eigentlich hätte ja die stocknüchterne Elisabeth fahren können, sicherlich wäre ich irgendwann wieder nüchtern geworden, aber ihren Fahrstil fürchtete ich mehr als die Polizei. Beim Pinkeln musste ich wie in einem irren Tagtraum ans Grundwasser und an die Fische des nahen Flusses denken. Immerhin entleerte ich die Folgen einer Fünfhundert-Mark-Zeche. Ich hurgelte die Böschung zur Saône hinab und schlug am Ufer des Flusses neben meiner Frau ein. Die hatte sich bereits abgemeldet. Große Menüs fördern harmonisches Zusammensein.

Später am Nachmittag dann das summende Erwachen im leichten Bodennebel, nicht nur des Flusses. Ich hatte immer noch viel «Gas im Kopp», rappelte mich auf und sortierte mich unter Gleichgewichtsproblemen. Nie-wieder-Alkohol-Schwüre stiegen in mir auf, Blähungen meldeten sich und trieben mich unsicheren Fußes die Böschung hoch. Tapsend in schlingernder Vertikale arbeitete ich mich dem Auto zu. Autofahren kann erholsam sein. Unter Gedudel aus dem Radio fuhren wir die Landstraße am Fluss entlang nach Norden. Allen Widrigkeiten zum Trotz regte sich kein Gedanke an Reue. Mehr Sorgen machte da der Termindruck: Das nächste Restaurant war bereits angesagt.

Alain Chapel

Paul Bocuse war das Sprachrohr der «Nouvelle Cuisine». Ihm ist auch zu danken, dass der Koch aus seinen Küchendünsten hervortreten und die Gäste anfallen durfte; der Koch war kein Kellerkind mehr, das in der Küche heimlich seinen Dienst verrichtete. Zwar gab es immer schon große Meister, die auch die Herrschaft über den Saal hatten, aber Bocuse führte ein, dass sich der Koch vor den Gästen vertrauenerweckend zu zeigen hatte. So wertete er das Ansehen unseres Berufsstandes enorm auf. Ihm gelang es auch als erstem Pfannenschüttler, in die französische Ehrenlegion aufgenommen zu werden.

Durch Bocuse wurde das gute Essen zum Gesprächsthema, ja man kann getrost sagen, er hat die Küche demokratisiert. Sie war fortan nicht nur etwas für gutbetuchte Lustmolche, sondern normal verdienende Liebhaber guten Essen mussten keine Schwellenangst mehr haben. War der Rahmen seines Betriebs auch feudal, wenn nicht gar übertrieben dekoriert, so sorgte er mit seiner bodenständigen Art dafür, dass sogar ein Jungkoch wie Vincent einen Besuch dort bewältigte. Mit ihm und seiner «Bade Bocuse», seinen befreundeten Dreisterne-Kollegen, war Gourmandise in Frankreich ein Volksvergnügen geworden. Auch in Teutonien war die Göggeleswelle und die Schmerbauchzeit vorbei, die Deutschen lernten mühsam, dass Masse nicht gleich Klasse ist, sondern Genuss auch mit Beschränkung zu tun haben kann.

Nachdem wir von unserer Siesta aufgebrochen und langsam wieder in die Gänge gekommen waren, steuerten wir die nächste Futterstelle an. Wir waren ja nicht zum Spaß hier, sondern genehmigten uns quasi eine zweite Lehrzeit. Auf der Fahrt nach Mionnay, zwanzig Minuten nördlich der Küche des Paul Bocuse, ahnte ich noch nichts von den Umwälzungen meiner Berufsauffassung, die mir in diesem Kaff am Rande einer Sumpflandschaft mit Hunderten von kleinen Seen zuteil werden sollte. Tatsächlich wurde Alain Chapel zu meinem geistigen Mentor, ohne dass ich bis zu seinem Tod am 10. Juli 1990 je ein Wort mit ihm gewechselt hätte. Der Mann war scheu, und ich bekam ihn nur kurz zu Gesicht.

Was also war es, was meine Frau und mich so tief berührte? Dass die Einrichtung ganz der Philosophie von Chapels Küche entsprach? Auf jeden Fall nervte hier kein Zierrat, nichts Überflüssiges ließ sich ausmachen. Es war das pure Gegenteil der Unternehmungen von Paul Bocuse, wo Üppigkeit zuweilen in obszönen Protz umschlug. Nichts davon im Restaurant «La Mère Charles» von Alain Chapel. In einem Nebenraum mit weißen Wänden, ohne irgendwelche Bilder, Prominentenfotos oder sonstiges Gehänge, bekamen Elisabeth und ich ein Glas Champagner angeboten, dazu gab es kleine frittierte Sardinchen zu knabbern. Als treuer Beschützer meines Eheweibs trank ich beide Gläser.

Die Kohlensäure des Getränks tat ihre appetitanregende Wirkung, Esslust stellte sich ein, und man geleitete uns in den Gastraum. Unser Tisch war angenehm hell beleuchtet, die Chapels waren als feinsinnig bekannt, und sie wussten, dass direktes hartes Deckenlicht durch indirektes seitliches Licht ausgeglichen werden muss, damit man sich in einem Raum wohl fühlt. Elisabeth glühte vor Begeisterung: Auf unserem

Tisch stand ein sommerlicher Strauß von blauen Lupinen. Was für ein Gegensatz zu jener Tischkultur, wo Babyröschen in Mickervasen gezwängt werden, die so klein sind, dass gar kein zweites Röschen darin Platz hätte! Hier prangte ein üppiger Strauß, der Großzügigkeit signalisierte, und das hat uns bis heute tief geprägt. Wie Elisabeth meint: «Wenn die Gäste merken, dass der Wirt spart, erinnert sie das daran, dass sie eigentlich auch sparen sollten.»

Gastronomie darf man nicht betreiben, nur um Geld zu verdienen, das ist freudlos. Man muss sein Herzblut dafür hingeben, an die Grenzen des Möglichen gehen wollen und gleichzeitig finanziell überleben – das ist die Kunst. All dies spürten wir bei Chapel, und wir waren dafür sehr empfänglich. Der Stil der Ausstattung bestätigte Elisabeths schwäbische Einstellung: «Nichts darf nach mehr aussehen, als wirklich vorhanden ist.»

Wir hatten aus dem Overkill bei Bocuse gelernt. Auch bei Chapel hatte die Speisekarte das übliche King-Size-Format mit Froschschenkeln aus den nahen Seen, Aal und Flussfischen aus der Saône, Geflügel aus der nahen Region Bresse und Rind, das ebenfalls in der Nähe, im Gebiet des Charolais, aufgezogen wurde. Doch diesmal hielten wir uns zurück, aßen gemächlich ein kleines Menü mit einer Vorspeise aus Froschschenkeln und einer Bresse-Poularde in einer Schweinsblase. Weißwein tranken wir keinen, sondern wieder eine Flasche vom berühmten Côte Rôtie, diesmal aber nur eine Demi-Bouteille.

Wenn ich heute mit Gästen rede, heißt es immer wieder, in einem Gourmet-Restaurant sei man doch einfach gezwungen, die Rituale einzuhalten und sich durch die ganze Speisekarte zu fressen. Ich sage dann: «Stimmt doch gar nicht! Ich weiß wirklich nicht, warum die Gäste in gewissen Restaurants so schüchtern sind. Manche trauen sich ja kaum zu atmen. Diese Leute sollten nicht der Gastronomie Vorwürfe machen, sondern ihre eigenen Komplexe überwinden!» Es muss immer möglich sein, Portionen zu teilen oder auch einfach nur zwei Vorspeisen zu bestellen. Manche Kellner sind allerdings derart eifrig, dass es tatsächlich Mut braucht, ihnen eine Absage zu erteilen. Solche Bedienstete sind einem beschwingten Dasein jedoch nicht förderlich.

Den scheuen Alain Chapel sah ich wie gesagt nur einmal, als ich auf die Toilette ging und er gerade über den Flur huschte. Immerhin wurde ich so des Meisters ansichtig und komme mir im Nachhinein vor wie jene Fans, die nächtelang vor einem Hotel ausharren in der Hoffnung, einen Blick auf ihr Idol zu erhaschen. So zurückgezogen Chapel lebte, so zurückhaltend äußerte er sich in der Öffentlichkeit. Er, neben Michel Guérard der wirkliche Vordenker der «Nouvelle Cuisine», gab sein Wissen nur sehr spärlich weiter. Nicht aus Ignoranz, sondern aus Bescheidenheit und im Wissen um die Vergänglichkeit. Eine seiner wenigen überlieferten Äußerungen lautet:

«Ein Koch, der ein Geschäft wie das meinige betreibt, kann es sich nicht erlauben, die Arbeit einmal ruhen zu lassen, um sich seinem Vergnügen zu widmen. Er muss ständig seinen Gästen gefallen – ohne Unterlass. Gefallen, gefallen, gefallen! Zweimal pro Tag und 365 Tage im Jahr. Gefallen bis zum Verrecken. Und was lässt er zurück, wenn er stirbt? Weder ein Gedicht noch ein Gemälde oder ein Chanson. Wenn der Kochkünstler seinen Herd verlässt, bleibt nur ein Häufchen Humus übrig. Es ist eigentlich besser, darüber nicht nachzudenken. Außerdem bleibt uns Köchen letztlich kein Centime für unseren Rückzug ins Alter übrig. Immer müssen wir alles von neuem investieren, wir müssen unser Haus ständig überholen und verschönern. Die Kundschaft unserer Tage wünscht immer andauernde Veränderung. Ich habe den Eindruck, hier in meinem Haus auf einer Insel zu leben, einer zwar reizenden Oase, die jedoch von allen Seiten vom Flugsand des Vergessens bedroht ist.»

Gedichte und Bilder bleiben der Nachwelt erhalten, aber könnte man nicht auch Rezepte als unvergänglich bezeichnen? Immerhin handelt es sich in gewisser Weise um Texte. Darauf antwortete Alain Chapel mit einem deutlichen «Nein». Einem Lehrling, der sich Rezepte aufschreiben wollte, befahl er: «Wirf dein Heft weg! Mach dir keine Notizen! Ein Lehrmeister kann dich anregen, doch man kann ihn nicht ausplündern, weil die Küche sich nicht kodifizieren lässt. Eine gute Soße beruht auf der Inspiration und der Erfahrung des Sauciers!»

Der Lehrling warf ein, dies treffe sicherlich für die normale Bürgerküche zu, aber doch nicht für die «Große Küche». Chapel gab nicht nach: «Es gibt keine ‹Grande Cuisine›, es gibt nur Augenblicke der ‹Grande Cuisine›. Glaubst du, deinen Seelenzustand notieren zu können, wenn du eine Seezunge zubereitest? Du kannst nur dein Bestes geben, und das heißt, du wirst sie niemals genau gleich zubereiten. Der Kochkünstler ist ein sensibles und unstabiles Wesen. Je nachdem, ob ihm das Leben gerade rosa, grau oder schwarz erscheint, wird das jeweils seine Küche beeinflussen.» So weit die Worte des Meisters, der seine Lehrzeit bei Fernand Point absolviert hatte, wie Bocuse oder die berühmten Dreisterneköche, die Gebrüder Troisgros, François Bise und Louis Outhier.

Alain Chapel war der Philosoph unter den großen Köchen Frankreichs. Er pflegte einen gewissen Minimalismus auf dem Teller. Alles wurde weggelassen, was mit dem Gericht nichts zu tun hatte. Niemals wäre Chapel auf die Idee gekommen, ein Gericht zu verzieren, nicht mal mit einem harmlosen Kerbelzweigchen. Er bestärkte meine Frau und mich, eigene Weg zu gehen und althergebrachten Blödsinn, überflüssige Rituale, Gepflogenheiten und Regeln der Berufsschule, immer in Frage zu stellen.

Michelin-Stern

Urlaub im Sinne von Erholung war weder Elisabeths noch mein Ding. Unsere Erkundungsfahrten zu Kollegen wuchsen sich oft zu anstrengenden Expeditionen aus. Wir saugten die Kunst der Meister auf, und mit den Jahren hatten wir genug gelernt, um langsam eine eigene Handschrift zu entwickeln. Nach und nach kochte ich mich im «Postillion» nach oben. Es war eine kontinuierliche Entwicklung, wir wuchsen sozusagen mit unseren Gästen. Die Zäsur kam im Jahr 1977: Eva Lamparter von der Zeitschrift «Der Feinschmecker» schrieb lobend über uns, und das lockte womöglich den kulinarischen Großnavigator Wolfram Siebeck an. Ihm schmeckte unsere direkte, ungekünstelte Küche, er lobte uns auf einer ganzen Seite des «Zeit-Magazins». Besonders angetan hatten es ihm die Kutteln in Lemberger-Rotwein. Seither hat es in meinen Lokalen keinen kuttelfreien Tag mehr gegeben.

Nie servierten wir Tellergerichte, sondern immer nur die Hälfte eines Gerichts, während auf einem Beistelltisch unter einer Cloche die zweite Hälfte wartete, bis die erste gegessen war. So wurden die Teller nicht überladen und atmete das Ganze einen gemächlich-angenehmen Luxus. Man konnte langsam genießen, der zweite Teller war genauso heiß wie der erste. Diese Serviceart findet man heute kaum mehr, weil sie personalintensiv ist; außerdem muss man dieses «Arbeiten am Gast» wirklich gelernt haben.

Eines Tages passierte es: Ein ausziehbares Beistelltischchen wurde offenbar einseitig belastet, machte einen Salto, und mit lautem Geschepper landete das ganze Essen auf dem Teppich. Es gab ein Riesendurcheinander, Elisabeth flüchtete heulend in die Küche. Mindestens fünfzehn Minuten vergingen, bis der Service wieder in die Gänge kam, denn die verunglückte Fuhre musste neu gekocht werden.

Nachdem sich die Wogen geglättet hatten und die Gäste friedlich bei Kaffee und Petits Fours verweilten, kam ein Herr im Anzug an den Tresen. Er stellte sich als Inspektor des «Guide Michelin» vor. Nun war ich derjenige, dessen Nerven flatterten. Ich stürzte aus meiner Küche, obwohl ich gerne den umgekehrten Weg in den Hinterhof genommen hätte, und stellte mich dem Unvermeidlichen. Meine Frau stand neben mir und kämpfte erneut mit den Tränen. Doch der Mann schaute uns mit freudiger Miene an: «Was Sie hier machen, das ist sehr gute Arbeit, sie ist absolut eine Reise wert. Wir beobachten Ihr Tun schon seit einigen Monaten und sind nun bestätigt. Ein großes Kompliment dafür, wie Sie den Unfall gemeistert haben.»

Wir konnten das alles nicht glauben, aber ein halbes Jahr später, 1978, wurde uns ein Michelin-Stern verliehen, und das, obwohl wir keine Schaumsüppchen kochten. Die aufgeschlagenen Suppen waren nämlich der Hit der Saison. Wir ließen die Finger davon, was uns das Lob von Siebeck eingebracht und dadurch die Michelin-Tester zugetrieben hatte. Gastronomie funktioniert ähnlich wie die Mode: Irgendjemand entwickelt eine wirklich neue Idee, doch die wird von anderen aufgegriffen und so lange platt gewalzt, bis man ihrer überdrüssig ist – worauf der Trend einfach in die Gegenrichtung geht.

Das war das Schicksal der Nouvelle Cuisine: Sie wurde auf die Spitze getrieben, und die Gäste degradierte man im kreativen Eifer manchmal zu Versuchskaninchen. Ich kann mich an ein Tomatensorbet erinnern, das an Silvester 1977 aufgetischt wurde und wenig Anerkennung fand. Zu Recht, denn eiskalte Tomaten sind kulinarischer Terror. So manches kreativ gemeinte Gericht kommt allein deshalb auf die Karte, weil der Koch lediglich ein, zwei Löffelchen probiert hat, statt es zu Ende zu essen.

Nicht nur Wolfram Siebeck, auch ich hatte also seit einiger Zeit von Nouvelle-Cuisine-Pürees und Schaumsüppchen die Schnauze voll und mich immer mehr dem Heimischen zugewandt. Das Problem war – und ist: Wo lässt sich gute Ware auftreiben? Was die Qualität der Lebensmittel betrifft, war uns Frankreich haushoch überlegen. Deshalb gründete Karl-Heinz Wolf, ein sehr guter Koch, der in Bonn das Restaurant «Chez Loup» («Wolf» heißt auf Französisch «loup») betrieb, 1978 die Firma Rungis Express, die lange Jahre für exquisiten Nachschub vom Pariser Großmarkt sorgte. In ihrer besten Zeit handelte sie mit Waren aus sechzig Ländern.

Ich fragte mich aber, wie ökologisch sinnvoll es sei, die Dinge von weither anzukarren. Es musste doch auch bei uns ebenbürtige Ware geben. Ich war nicht der Einzige, der sich für regionale Produkte stark machte. Es gab da noch Hermann Pflaum in Pegnitz, Manfred Kurz in Blaufelden und die bis heute astreinen Puristen, die Bauers vom «Adler» in Rosenberg. All diese Helden des Kochlöffels grübelten über innovative Rezepte mit einheimischer Ware nach, ohne aber gewisse Spezialitäten des Auslands in Frage zu stellen. Beispielsweise ist die Geflügelzucht in Frankreich aus historische Gründen (der gallische Hahn) auf einem hervorragenden Niveau, das von deutschen Züchtern bislang selten erreicht wurde.

Das Selbstbewusstsein der deutschen Köche wuchs und

wurde auch von der Restaurantkritik gefördert. Immer häufiger kamen althergebrachte Gerichte bei Gourmetköchen auf den Tisch, mal traditionell, mal modernisiert – man konnte augenzwinkernd von Denkmalpflege sprechen. So rief mir mein Nachbar Erich eines Tages über den Zaun zu: «He, Vincent, jetzt koschtet dr Roschbrata im ‹Gaschthaus zom Affa› achtawanzigfuffzich!»

Erstmals gingen damals also ausgebildete, gute Köche daran, den Omas das Geheimnis einer richtig guten Maultasche oder dünner, handgeschabter Spätzle zu entreißen. Der Rostbraten mit Fettkruste, der nicht wie ein gestanzter Kernseifenbrocken als Rumpsteak aufgetischt wurde, womöglich unter Frittenzwiebeln beerdigt, wurde für Feinschmecker gesellschaftsfähig. Was da aufkeimte, war aber schnell wieder vorbei, denn aus wirtschaftlichen Gründen ließen viele gute Profiköche wenig später bereits die Finger davon.

Es ist eben so: Die bürgerliche deutsche Küche ist sehr, sehr arbeitsaufwendig; die Omas und Tanten, welche früher in den Wirtschaften zum Nulltarif buckelten, sind mittlerweile abgetreten. Für ein Filetsteak kann der Gastronom einen hohen Preis nehmen, die Rindsroulade, mühsam gewickelt und geschmurgelt, unterliegt aber quasi einer historischen Preisbindung. Die Kundschaft erinnert sich hartnäckig daran, dass das Ding nie mehr als neun Mark gekostet hat. Selbst wenn der ziegenbärtige Jungkoch in Hüfthängebuxen diese Rezepte kennt: Er ist so überlastet, dass er gar nicht die Zeit hat, sie umzusetzen. Da heißt es immer, die deutsche sei eine «einfache Küche»! Von wegen: Einen guten Spätzleteig herzustellen und daraus dann lange, dünne Fäden zu schaben, ist hohe Kunst – ein Jakobsmuscheltatar zubereiten kann dagegen jeder Sechsjährige im Kinderkochkurs.

Mit den normalen Gasthäusern ging es Ende der siebziger Jahre bereits bergab. Um die niedrigen Preise zu halten, mussten sie immer billigere Ware verwenden, die Kundschaft wiederum wollte zwar billig essen, aber zum Rostbraten trotzdem keine Tütensoße. Fast Food etablierte sich immer mehr. Im «Postillion» in Schwäbisch Gmünd indes wurden weiterhin schwäbische Gerichte mit Hartnäckigkeit modernisiert. Dreiviertel der Speisekarte war allerdings eindeutig französisch inspiriert. Es gab Steinbutte, Rotbarben, Jakobsmuscheln, ohne Gänseleber ging gar nichts, und so mancher schwäbische Stammgast blieb weg, weil ihm das alles rundum nicht geheuer war.

Ganz klar, ohne Kompromisse ging es nicht, dennoch setzten wir unsere Kundschaft stetig und sanft unter Druck, und obwohl wir noch recht jung waren, gewannen wir das Vertrauen der Stammgäste. Die klare Linie machte aber nicht bei den Tellern halt. Während andere ihre Lokale mit Accessoires vollstellten, die Gemütlichkeit suggerieren sollten, entrümpelten wir ständig. In Italien hatten wir kahle Restaurants besucht und uns die Weisheit gemerkt: «Gemütliche Einrichtung braucht der Italiener nicht, denn er ist selbst gemütlich!» Also flog auf Betreiben von Frau Elisabeth erst der Teppichboden raus, dann wurden die Butzenscheiben durch klares Glas ersetzt. Dafür kamen Vorhänge aus weißem Feinleinen hin, nicht preiswerte Stoffstreifen, sondern richtige Vorhänge, die man zuziehen konnte, getreu unserem Leitsatz, dass alles echt sein und eine Funktion haben musste.

Oft stand ich mit meiner Meinung ziemlich allein da, und mir blieb nur, mich wiederum an den französischen Kollegen zu orientieren. Michel Guérard muss ich besonders erwähnen.

Er hatte wie Alain Chapel alle Dekorationen, alles, was zur Vollkommenheit des Gerichts nichts beitrug oder womöglich gar nicht zu essen war, vom Teller gefegt. Wenn man bedenkt, wie heutiges Design den Purismus pflegt, wie an Autos nach und nach alle Zierleisten weggelassen wurden, dann fragt man sich, ob die modernen Küchentrends nicht das Resultat von Gehirnerweichung sind? Der Zierrat auf den Tellern wird immer mehr, Tische werden mit Krimskrams dekoriert, und es kann nur einen Grund dafür geben: Mängel lassen sich verschleiern, und das Essen muss so aussehen, wie sich Food-Fotografen das wünschen.

Nichts davon bei Michel Guérard. Er führte zu Beginn seiner Karriere in Paris ein winziges Restaurant, das sich «Pot-au-feu» nannte. In der Küche herrschten so beengte Zustände wie in einem U-Boot. Hatte der Patissier im darunterliegenden Keller sein Dessert fertig, klopfte er an die Falltür, der Koch, der womöglich gerade darauf stand, trat zu Seite und beförderte die Süßspeise weiter zum Kellner. Das kann man alles schön in Franz Kellers Buch nachlesen: «Kein Kochbuch für Anfänger» (Edition Braus). Es ist eines meiner absoluten Lieblingsbücher.

Guérard schaffte es, Gerichte zu entwickeln, die wunderbar schmeckten und trotzdem unter dem Signet «Cuisine Minceur» – grob übersetzt «Schlankheitsküche» – Furore machten. Keller zufolge konnte Guérard im klassischen Sinne nicht richtig kochen: Er war ausgebildeter Patissier. Dadurch hatte er den Kopf frei und die Chuzpe, «alten Krempel» über Bord zu werfen. Was er lancierte, hat bis heute nachgehalten. In seiner Küche wurde viel kombiniert, beispielsweise Hummer mit Lamm. Er garte Lamm im Heudampf, Seewolf richtete er auf Algen an, Kaninchenkuchen schob er in den Ofen,

Kalbskotelett grillte er in Salat, und Hühnchen dämpfte er mit Lindenblüten in einer Schweinsblase.

Das alles hört sich an wie die Küche des 21. Jahrhunderts, und das war sie auch. Michel Guérard war genial. Noch in Paris lernte er seine Frau kennen, die Erbin eines Bäderimperiums. Deshalb zog man nach Eugénie les Bains am Fuße der Pyrenäen. Vor einigen Jahren war ich dort, eine großzügige Anlage in einem riesigen Park, entsprechend waren auch die Preise. Von Guérard lernte ich, Saucen ohne Bindemittel wie Mehl oder Speisestärke herzustellen. Es war die Zeit der berühmten «Sauce Beurre Blanc», die nur durch emulgierende Butter sämig gebunden wurde. Im Grunde war das eine Kalorienbombe, wurde aber nur dann zum Problem, wenn man sie wie in Deutschland eimerweise in die Teller kippte. Michel Guérards neue Kochweise verdankte ihre Bekömmlichkeit auch den kleinen Portionen, den gepflegten Fonds und der reichlichen Verwendung von Kräutern.

Mit Beginn der achtziger Jahre interessierte ich mich immer mehr für die italienische Küche, war einige Male beim berühmten Gualtiero Marchesi in Mailand und später dann in seinem «L'Albereta» in der Nähe des Lago d'Iseo. In seinem ersten Betrieb war alles hell mit sehr modernem Interieur und kräftigen Farben, es wirkte ein bisschen japanisch und auf jeden Fall wie das Gegenteil einer deutschen Räucherstube. Ich erinnere mich noch an riesige Castiglione-Stehlampen, die in kühner Biegung ihre Chromlampions über die Tische hielten.

Zuerst aßen wir seinen berühmten Risotto mit etwas Blattgold. Nur vier Esslöffel, basta. Das Blattgold ärgerte mich, ich fand es dekadent, aber genau darum ging es. So aufgewertet, stand das Gericht in alter Mailänder Tradition und erinnerte daran, dass es auch Statussymbol war und ist. Marchesi, der gut Deutsch spricht, verriet mir sein Geheimnis: «Ich nehme fast so viel Butter wie Reis.» Da mag mancher aufschreien, aber alles andere ist eigentlich kein Risotto, sondern ein für Deutsche zusammengepampter, familienfreundlicher Baatz. Risotto ist, außer zum Osso Buco, nie eine Beilage, sondern immer eine Vorspeise und steht für sich allein.

Dann servierte Marchesi gefüllte Zucchiniblüten, anschließend kam der Hauptgang. Ich schaute Elisabeth kurz verwirrt an, kapierte aber schnell: «Mensch, das muss man sich erst mal trauen!» Vor uns lag ein paniertes Kalbskotelett auf dem Teller – sonst nichts. Das war der Hammer, die pure Lehre, das ging noch einen Schritt weiter als Guérard. Von da an hätte ich mir gewünscht, Italiener zu sein. Was sich in Deutschland zu wahren Turmbauten auf einem Teller auswächst, kommt in guten italienischen Restaurants einzeln, hintereinander auf den Tisch. So gewinnt die Arbeit des Kochs mehr Aufmerksamkeit; das, was man diffamierend «Beilage» nennt, wird aufgewertet und dadurch auch langsamer und genüsslicher gegessen.

Investieren in den eigenen Bauch

Eigentlich überstiegen all die Studienaufenthalte bei Kollegen unsere Einkünfte. Aber wenn ich in meinem Beruf einen gewissen Überblick habe, dann dank unserer systematischen Restaurantbesuche. Oder wie Peter Rühmkorf es in einem seiner Gedichte formulierte: «Wer sich nicht ruiniert, aus dem wird nichts!» Ein Koch, der nicht gerne isst und davor zurückscheut, für Restaurants Geld auszugeben, der hat den Beruf verfehlt.

Stimmt schon: Man kann sein Geld nur einmal ausgeben. Doch oft ist es am klügsten, in sich selbst zu investieren. Wenn ich die «Auberge de l'Ill» der Haeberlins, Alain Senderens, Gagnaire in Paris, die Ciprianis in Venedig oder einen Walkoch in Reykjavik aufsuchte, ging es ums Lernen, aber auch um Genuss und Lebensfreude, und dafür musste auf manches andere verzichtet werden. So schämte ich mich bei Begegnungen mit deutschen Kollegen etwas über mein mickriges Auto. Doch selbst wenn deutsche Erfolgsmenschen, die vorzeigbare Statussymbole pflegen, dies nicht glauben mögen: Es gibt Wichtigeres als dicke Uhren und die passenden Gefährte dazu.

In der kulinarischen Grundschule in Schwäbisch Gmünd vermittelte man mir einen Zuwachs an Wissen unter anderem mit sogenannten Lerngängen, die man auch Exkursionen nennen könnte. Sobald also zwei oder drei Tage frei waren, fuhren wir nach Frankreich und besuchten etwa Roger Vergé in Mougins oder Louis Outhier in La Napoule. Im «La Tour d'Argent», 15 Quai de la Tournelle in Paris, tranken wir einen Charmes-Chambertin Demi-Bouteille von 1969 zu 60 Franc und aßen dazu die berühmte Ente aus der silbernen Presse mit Pommes Soufflées und einem Salat Roger.

Jahre später habe ich mich noch mit den Pommes Soufflées abgequält, sie aber nie richtig hinbekommen. Im Grunde sind das dünne Kartoffelscheiben, die wie Pommes frites in mäßig heißem Öl vorgegart werden; sind sie weich, kommen sie in fast rauchend heißes Öl und blähen sich auf. Sie sehen dann aus wie prall aufgepumpte Kissen und schmecken wie zarte Pommes frites. Mir ging aber eines Tages der Fritteusengeruch auf die Nerven, der sich unweigerlich in die Kleidung setzt. Für mich ein absolutes Underdog-Parfüm, deshalb war in diesen frühen Jahren mit allem Frittierten komplett Schluss.

Die Entenpresse des «Tour d'Argent» dagegen, die fasziniert mich heute noch. Nach dem Tranchieren der Ente kommt das Knochengerippe in dieses Gerät, das aus schwerem Eisen besteht, aber üppig versilbert ist. Oben dreht der Kellner an einer Spindel, der Zylinder bewegt sich langsam nach unten und quetscht aus den Entenknochen das Mark und den letzten Saft. Daraus wird dann am Tisch eine Soße gekocht. Die Show ist umwerfend und das Gericht normalerweise auch. Allerdings ist das Entenrezept des «Tour» in den letzten Jahren zur schlimmen Routine verkommen, die Enten sind vorgegart, und mein letzter Besuch war dementsprechend deprimierend. Andererseits, ein uralter Traditionsbetrieb darf auch mal einige Jährchen schwächeln.

Das «Maxime» in Paris ist auch nur noch für Nostalgiker von Bedeutung, aber dort aß ich meine ersten Jakobsmuscheln, und sie schmeckten himmlisch. Mir halfen die Besuche, meinen Horizont zu erweitern, wenn auch manches für mich im Schwabenland nicht realisierbar war. Oft bestand mein Lernen in der Erkenntnis, die Fehler, die in diesen Betrieben gemacht wurden, zu analysieren, um auch daraus zu profitieren. Man weiß ja über seine Profession schon einiges, wenn man weiß, wie man es nicht machen sollte.

Ein großes Glück war für mich ein Besuch im Restaurant «Point» in Vienne. Wir tranken Condrieu-Wein und Côte Rôtie, und auf der Rechnung, die ich noch als Schatz hüte, stehen für Elisabeth und mich zwei Déjeuners zusammen zu 260 Mark, das sind heutzutage schätzungsweise 500 Euro. Dafür konnten wir aber noch Madame Mado Point besichtigen, die aussah, wie man sich eine alte französische Dame vorstellt: das Schneiderkostüm ganz auf «bella figura» geschnitten, hochhackige Pumps, dürre Beine, ondulierte Löckchen, ein Charakterschädel mit schlanker großer Nase und heftig rougegefärbten Lippen. Für den Digestif folgten wir der Empfehlung des berühmten Sommeliers, den alle Welt nur Vincent nannte. Er war einer der letzten traditionellen Sommeliers und baute gewisse Weine, in seinem Fall den Côte Rôtie aus dem nahen Tain/Hermitage, noch selbst im Keller aus. Er erinnerte mich an einen englischen Gärtner, hatte eine grüne Schürze umgebunden, und sein knochiger von struppigem Grau gedeckelter Schädel ruckte hin und her wie bei einem pickenden Vogel.

Eines Tages suchte ich die wahre Bouillabaisse und fand sie bei Onkel Tetou in Golfe Juan an der Côte d'Azur. Das Etablissement war eine Baracke, allerdings mit einem Originalgemälde von Francis Picabia an der Bretterwand. In dieser Strandbude gibt es heute noch die beste Bouillabaisse der Côte: komplette Fische wurden am Tisch zerlegt, Brühe darübergossen, Croutons und Sauce Rouille dazugegeben. Die Weinkarte führte pfeilgrad nur vier Sorten Wein. Das nenne ich die pure Lehre: Hier tat einer das, was er wirklich konnte, ließ alles andere sein – pfiff auf die Konkurrenz, basta!

Die kulinarischen Reiseziele waren klar abgesteckt, Italien oder Frankreich. Ich wäre aber kein neugieriger Koch, wenn nicht ab und an auch die Lust aufs «Andersschmeckende» käme. Deshalb ergriffen Elisabeth und ich die Chance eines günstigen Flugs nach London. Mitten in St. James, Londons feinster Gegend, ließen wir uns nieder. Das «Ritz» lag gleich um die Ecke, und es war berühmt für den «Five o'clock tea». Ich beschloss einen Alleingang und dachte mir: Nichts wie hin! Klischees wollen bisweilen aufgefrischt und Vorurteile bestätigt werden.

Doch meine Vorfreude wurde rüde gestoppt: Der Portier des «Ritz» hob die weißen Handschuhflächen, als wollte er mir Kreuzigungsmale zeigen. Sein Pferdegesicht wirkte indes weit trauriger und länger als das von Jesus. Ich ließ mich nicht entmutigen und stapfte zurück ins «Dukes Hotel», um die Jeans gegen etwas Vornehmeres einzutauschen. Vor die Wahl gestellt zwischen Cordsamt und Flanell, zog ich sicherheitshalber gleich mein edelstes Stück über die Stachelbeerbeine – die beste Hose mit fabrikneuer Bügelfalte – und warf mir dazu das Jackett um die Wampe. So drapiert berannte ich das «Ritz» aufs Neue.

Abermals sannen die Handschuhe des Hotelschützers auf Abwehr. Mein schniekes Polohemd erregte Anstoß, obwohl «Boss» draufstand – es fehlte ihm eine aufwertende Krawatte. Ich startete zu einem letzten, krawattenbehängten Versuch. Der Türwächter, aufgedonnert mit Litzen und Goldbordüren, balzte noch immer wie ein südamerikanischer Diktator vor dem Eingang, taktvoll mit dem Kopf wackelnd, als ich ankam.

Sofort war klar: Ich hatte endgültig verspielt. Seine Majestät der Portier äugte unangenehm berührt, geradezu belästigt auf meine neuen weißen Turnschuhe. Zugegeben: Die Dinger sahen beschissen aus, sie waren ein Notkauf gewesen, weil mir die handgenähten englischen Treter beim Kampf ums «Ritz» bereits eine Marschblase beschert hatten. Damit war die Tea Time endgültig vorüber.

Mir stank es gewaltig. Hätte er nicht doch vielleicht mal eine Ausnahme machen können? Zumindest sah ich doch im feinen Zwirn mit Turnschuhen recht lustig aus. Was war nur aus dem vielbeschworenen englischen Humor geworden, den ich hier im Zentrum Londons zu finden hoffte? Immerhin wusste ich jetzt um die generelle Unnahbarkeit eines englischen Portiers. Witz und Esprit hatten im Berufsbild dieses abweisenden Stoikers nicht einmal einen Stehplatz.

Die erste Nacht im «Dukes» verbrachte ich schlaflos, woran der Preis des Zimmers nicht ganz unschuldig war. Wie will man in einer Nacht fünfhundert Mark abschlafen? Ich schaffte es nicht, sondern wachte immer wieder auf und starrte auf die Uhr wie auf einen Taschenrechner. Das Frühstück von sensationeller Opulenz trug ein goldbetresster Piccolo ins morgendliche Zimmer. Eigentlich gab es kaum einen vernünftigen Grund, es noch zu verlassen. Doch als Tourist ist man ein temporärer Zwangscharakter, und rumhängen kann man schließlich zu Hause billiger.

Mittags enterten Elisabeth und ich das sehr britische Restaurant «Simson's-in-the Strand». Ergraute Kellner mit knarrend-kreischender Besohlung bugsierten ebenso quietschende

Servierwagen durch eine Halle, die den Charme eines ausgeräumten Schlosssaales vermittelte. Die betagten Servierherren sahen aus, als würden sie nicht Servierplatten tragen, sondern Särge durchs Etablissement jonglieren. Ihre Backen hingen wie bei Beaglehunden, und ihr Blick war ebenso wässrig. Mit kühler Miene wurde das hungrig-hoffende Paar aus Deutschland fixiert. Die Triefaugen durchbohrten uns regelrecht, und ich begriff, dass die Schwalbenschwanzträger gerade die Magersucht meines Geldbeutels abschätzten.

Die schwere silberne Haube des Servierwagens – ein «Voiture» und echter, abgewetzter Sterling-Silber-Oldtimer – wurde hochgeklappt und offenbarte ein riesiges Stück Hochrippe vom Black-Angus-Rind. Irgend etwas stimmte mit der Fleischfarbe nicht, die fahl und wasserleichig wirkte. Die mutige Notlüge, man sei Vegetarier, wurde vom Pokerface des Kellners im Keim erstickt. Außerdem stellte sich freilich die Frage, was es in einem Restaurant mit original britischer Küche noch anderes geben könnte? Lamm mit Minze vielleicht, dazu erdenzäher Yorkshire-Pudding. Da würden wir mit dem Beef noch relativ schonend davonkommen.

Der befrackte und bejahrte «Sir» schrammte sein Messer mit Routine an einem Wetzstahl entlang, der aussah, als sei er direkt der Waffenkammer von Lady Macbeth entnommen. Eins, zwei, drei Scheiben Angus-Beef senkten sich aufs Mahagonibrett, dessen Blutrinne den Fleischsaft auffangen sollte. Allein, sie blieb trocken wie ein Entwässerungsgraben bei strengster Dürre: Durch stundenlanges Umherfahren war das Fleisch entsaftet und englischgrau wie der Tag draußen vor der Tür.

Der Akteur am Tranchierbrett zeigte die Mimik eines Scharfrichters und guckte wie Monty Python höchstpersönlich, wenn ihm eine üble Verarschung gelungen war. Mit Grandezza löffelte ein zu Hilfe geeilter Maître d'Hôtel Rosenkohl auf den Teller. Das Gemüse hatte die abgegriffene Olivtönung von Secondhand-Rucksäcken, wie man sie in Armeeshops finden kann. Kartoffelbrei wurde als klebzähe Pampe auf den Teller gebatzt: eine wachsweiße Masse, die nur mit großer Mühe von der Kelle wollte. Tja, muss es erwähnt werden? Das Essen war eiskalt, der Riesensaal dagegen brütend eingeheizt. Zwar war dieser stilvolle Laden ein Ableger des «Savoy»-Hotels, doch selbst der Adel speist ja denkbar schlecht – vor allem unter der Knute von Kaiserpinguinen.

All diese Reisen hielten mich in Schwung und sorgten dafür, dass im «Postillion» die grauenhafte schwäbische Selbstgerechtigkeit und Knickrigkeit außen vor blieben. Nein, es wurde nirgends gespart, sondern konsequent am Rande des Ruins über die Verhältnisse gekocht. Mir war auch klar, dass keiner der französischen und italienischen Meister sich jemals an einer schwäbischen Maultasche vergehen würde. Im Umkehrschluss bedeutete das für mich, im Ausland nicht unreflektiert Erfahrungen zu kopieren, sondern manches lieber sein zu lassen. Beispielsweise ist das Kochen einer echten Bouillabaisse in Deutschland, fern eines Fischerhafens, eine zweifelhafte Angelegenheit. Man kann diese mediterrane Suppe nachempfinden und hierzulande auch sehr gut zubereiten, aber Bouillabaisse sollte man sie nicht nennen, da einige Zutaten wie beispielsweise kleine Rascasses, Petermännchen und sonstige Felsenfische schwer aufzutreiben sind.

Deshalb galt immer die Devise: Schuster bleib bei deinen Leisten. Aus diesem Grund versuchte ich mich nie an asiatischen Gerichten. Gute Küche sollte sich nicht nach den Ideen, sondern nach den verfügbaren Produkten orientieren. Doch mein Bedürfnis, einheimische Produkte zu bevorzugen, wurde ab und an zum Problem, denn deutsche Lebensmittel sind oft in erster Linie nach dem Nährwert und der Größe beurteilt und zu billig gehandelt. Als Beispiel seien die Zucchini erwähnt, die immer doppelt so groß sind wie bei unseren französischen Nachbarn. Oder Bohnen: Die wurden damals erst geerntet, wenn sie riesig und fast holzig waren.

Vieles hat sich aber gebessert, und südliche Gemüse wurden auch durch den Zuzug von ausländischen Arbeitern bei uns eingeführt, gehören mittlerweile zum Alltag. Das war nicht immer so: Vorbei ist gottlob die Zeit, als ich meinem Blumenhändler Walter Zeller in Gmünd eine gekochte Artischocke servierte. Walter, ein Bonvivant mit Chrysantheme im Knopfloch, ein wirklich sehr liebenswerter Stenz, wusste nicht, dass man nur die Blattenden zu essen hat und dann den Artischockenboden. Er stopfte sich alles kompletti ins Maul. Ich warf mich dazwischen, doch er moserte: «Lass me en Ruah, ich tue se moschta!» Er war also festen Willens, alles, was sich nicht kauen ließ, wenigstens auszumosten und den letzten Saft herauszudrücken. Immerhin wählte er einen originellen Ausweg aus seiner Peinlichkeit. Solche Grandezza kann nur jemand ausleben, der weiß, wie man gut und richtig lebt.

Überhaupt gab es im freudvollen, verdammt katholischen Schwäbisch Gmünd einen Haufen genießerischer Kundschaft. Im Ring der Stadtmauer arbeiteten viele Goldschmiede, die sich traditionell mit Schmuck, also mit Überflüssigem, beschäftigten. Diesen Künstlern verdanke ich eine Menge, wenngleich sie oft einen unglaublichen Dünkel an den Tag legten. Elisabeth hatte viel Gastronomiesilber gekauft, und wie das in der Spitzengastronomie üblich ist, war es bloß versilbert. Unser überkandideltes Publikum hielt das für Schrott: «Herr Klink, schaffe Se die unechte Blechle vom Tisch, wir wöllet Sterlingsilber, net so en Gruscht» (keinen solchen Krempel). Also wurden bei der Silberwarenfirma Kühn, der edelsten Schmiede des Orts, extra für diese Herren Menagen, Pfeffermühlen und Salzstreuer in Sterlingsilber geordert.

Der Erfolg einer Gaststätte hängt nur zu einem gewissen Teil vom Habhaften, vom Essbaren ab. Es kommt auch darauf an, was Gäste vielleicht gar nicht bewusst wahrnehmen. Selbst Geschäftsleute, die nur ihr Business im Kopf haben, spüren unterschwellig, ob man ein Restaurant mit Herz betreibt, eine Eigenwilligkeit und Unverwechselbarkeit pflegt, oder ob man am falschen Ort spart und das Servicepersonal so unsicher ist, dass es selbst simple Fragen nicht beantworten kann. Gute Gastronomie lässt sich schlecht rationalisieren – Hotelkonzerne können ein Lied davon singen.

Einen nachhaltigen Eindruck hat etwa das «Hôtel La Colombe d'Or» in Saint-Paul-de-Vence auf uns gemacht. Hier ging es überhaupt nicht ums Essen, sondern um das, was man vielleicht die Aura eines gastronomischen Betriebs nennen könnte. Das Hotel ist heute noch vollgestopft mit Gemälden von Joan Miró und Fernand Léger, Georges Braque, Marc Chagall, Alexander Calder, César, Pierre Bonnard, Henri Matisse; Picassos hingen an der Wand wie in einem Campingbus die Postkarten. Mir wurde immer klarer, dass es nicht reicht, in einem Restaurant nur gutes Essen zu bietet, sondern es kommt auch auf den Geist an, der in den Gemäuern wohnt. Dieser bestimmt in hohem Maße, wer im Lokal zu Messer und Gabel greift. So sagte Paul Bocuse sinngemäß, Gastronomie sei zu 80 Prozent Illusion, der Rest sei Handwerk.

Mehr als Essen und Trinken

Irgendwann gelangte ich zu der Erkenntnis, dass die Lebensgewohnheiten der Mehrheit nicht das boten, was mir als Dasein vorschwebte. Bestätigung fand ich bei Leuten, die abseits dessen «ihr eigenes Ding» vorantrieben. Meine Devise war, nicht danach zu streben, der Erste unter den Letzten zu sein, sondern der Letzte unter den Ersten. Mit dieser Prämisse landete ich automatisch nicht an Kollegenstammtischen, sondern bei Literaten und sonstigen Künstlern, Malern oder abgeschrägten Handwerkern, Bauern, Winzern oder Schnapsbrennern, die mit derselben Leidenschaft schraubten, hobelten, nagelten oder gärtnerten, wie ich meine Pfannen schwang. Zu solchen Leuten wollte ich hinschauen, wenn ich mich über den Topfrand erhob. Ich suchte die Nähe von Menschen, die nachdachten, darüber sinnierten, was man zu einem artgerechten Leben alles nicht braucht.

Ich wollte Künstler um mich haben. Und was so altruistisch klingt, ist es nur teilweise, denn gratis essende Artisten lassen aus Dankbarkeit gern eine Probe ihres Schaffens zurück. Das Restaurant hatte unter Intellektuellen mittlerweile einen gewissen Bekanntheitsgrad. 1981 lud ich zum ersten Mal zur Montagsgesellschaft. Montag war mein freier Tag, und einmal im Jahr bat ich eine illustre Gesellschaft zum Schmaus. Eine freudige Truppe von Künstlern übernahm die Bude, jeder brachte mir ein Werk mit, und dafür wurde bis zum Morgengrauen getafelt, gejauchzt, mit langstieligen Blumen auf dem

Tisch gefochten und getrunken bis zur Bewusstseinserweiterung.

«Von jetzt an werde ich essen anders messen,
von jetzt an ahne ich beim Essen Geister,
man isst nicht ungestraft bei einem Meister.»

So lautet der letzte Absatz eines Gedichts, das mir Martin Walser damals verehrte. Der Anfang sei verschwiegen, denn darin werde ich dermaßen gelobt, dass es zu eitel wäre, den Großdichter hier wiederzugeben.

Gut kann ich mich auch noch an die Brüder Kontarsky, das weltberühmte Pianisten-Duo, erinnern. Die beiden lebten in Köln, waren alles andere als Kinder von Traurigkeit und kannten sich in Sachen Rotwein sehr gut aus. Hüpfend, wenn nicht gar singend, bewegten sie sich spät nachts auf den Ausgang zu und erwischten dabei die falsche Tür. Im Dunkel des großen ostpreußischen Kleiderschranks brachen die beiden Schwalbenschwanzträger vor Lachen zusammen.

Im Jahr darauf begannen die Demonstrationen gegen die Pershingraketen, die in Mutlangen stationiert waren, und zwar so nah an Schwäbisch Gmünd, dass man mit Pfeil und Bogen auf den Marktplatz der Stadt hätte schießen können. Wozu es dann noch Pershingraketen brauche, witzelten manche Bürger. Dem «Postillion» brachten die Demonstrationen gegen den Raketenwahnsinn neues Publikum. Günter Grass, Heinrich Böll und hohe Politiker kamen.

Als oberstes Glück empfand ich, mich möglichst wenig unter Leute begeben zu müssen, es sei denn, sie kämen zu mir ins Restaurant. In mir festigte sich die Meinung, der «Postillion» könne ohne Kundenzeitschrift nicht weiterexistieren. Also fing ich zu schreiben an, denn zur Literatur hatte ich immer eine Vorliebe gepflegt. Kam ich mir als Koch unter all den Dichtern und Denkern auch manchmal doof vor, hielt mich das jedoch nicht davon ab, so viel zu lesen, wie meine Birne verkraften konnte. Dem ist bis heute so, und ich hoffe, es geht weiter, bis der Tod mich – möglichst erst, wenn ich 120 bin – am Kragen packt. Sich mit den Gedanken anderer auseinanderzusetzen hält unglaublich jung und treibt mich morgens noch in der Dunkelheit aus dem Bett.

Kochen ist eine komplexe Angelegenheit, die aber in erster Linie geschickte Hände und einen feinen Geschmackssinn erfordert. Und zumindest bei mir ist es so, dass ich einfach mal loslege und schaue, was dabei herauskommt. Beim Schreiben hingegen kommt man ohne Überlegen nicht aus. Mag sein, dass mir das den Ruf eingetragen hat, ein nachdenklicher Koch zu sein. Ich selbst habe allerdings ständig das Gefühl, noch immer nicht genug nach- und vor allem vorauszudenken.

Irgendwann sinnierte ich im Nebenzimmer des «Postillion» über einem Artikel, der sich mit der gequälten Mimik eines Steinbutts beschäftigte. Dabei schaute mir ein gewisser Stephan Opitz über die Schulter. Er fungierte damals als Literatur- und Kultur-Großmufti der Stadt Schwäbisch Gmünd und leitete unter anderem die dortige Volkshochschule. Er fand an meiner Steinbuttstory Gefallen und meinte, man müsse noch weitere gute Schreiber aktivieren, um das «Kundenheftle» großzügiger anzulegen.

Am Heiligen Abend 1986 riefen wir bei Loriot an, sein damaliger Schwiegersohn, der Verleger Gerd Haffmans, feierte bei ihm Weihnachten. Haffmans hatte sich mit einigen Gefährten aus dem Diogenes Verlag, darunter der gnadenlose Spitzenlektor Thomas Bodmer, in die Selbständigkeit abgesetzt und mit einem spektakulären Verlagsprogramm die Szene aufgemischt. Dazu gehörte auch die Literaturzeitschrift «Der Rabe», die rasant an Höhe gewann. Opitz und ich schlugen ihm vor, einen «Genussraben» zu fabrizieren, und dieser Idee stimmte der Verleger freudig zu. Der «kulinarische Rabe» erschien mit großem Erfolg im Herbst 1987, und was Erfolg hat, will weitergetrieben werden. Da der «Rabe» aber nur viermal jährlich abhob, wäre eine kulinarische Ausgabe zusätzlich zu viel gewesen. Es musste ein eigenständiges «Magazin für kulinarische Literatur» geschaffen werden. Doch wie sollte das heißen?

Eines Tages fand ich mich in Bargfeld bei Celle ein, es war ein trostloser, nebelverhangener Tag. Das Häuschen des großartigen Dichters Arno Schmidt wurde besichtigt: Jan Philipp Reemtsma, der Gründer der Arno Schmidt Stiftung, führte Haffmans, Opitz und mich persönlich durch das Dichterrefugium. Draußen auf der Wiese stand ein kleiner Fels, unter dem der Dichter und seine Frau die letzte Ruhe gefunden hatten. In etwas melancholischer Stimmung zogen wir später ins nahe gelegene Gasthaus Bangemann, wo es allerdings keine Speisung gab, die meine Laune hob. Arno Schmidt hatte dort, wenn ihn der Leichtsinn packte – was selten vorkam –, ab und an mal eine Bockwurst vertilgt. Was diese Dorfkneipe kulinarisch bot, reimte die Zeichnerin Tatjana Hauptmann in den Zweizeiler: «Rasch tritt der Tod den Menschen an, / isst er die Wurst von Bangemann.»

Nach dem Essen kam deshalb ein Rumverschnitt namens «Old Schmidt» in die Gläser. Um dem Alkohol etwas Widerstand zu bieten, wünschte ich ein Stückchen Käse. Auf meine Frage, was für Käsesorten er habe, antwortete der Wirt, und ich übertreibe nicht: «Was? Was für'n Käse? Käse is Käse, wat denn sonst?» Und so wurde die einzige Käsesorte gereicht, die es dort seit Jahren gab: säuberlich aufgefächerte Scheibletten mit einem Radieschen. Immerhin, ich befand mich nun wieder für fähig, am Gespräch und der Suche nach einem Titel für unsere Zeitschrift teilzunehmen. Reemtsma hatte den Rum verschmäht und stand wie immer geistig unter Starkstrom. Angesichts unserer traurigen Gestalten dachte er wohl an das Innenleben unserer Köpfe, und so rief er plötzlich: «Rübe». So sollte die neue Buchreihe heißen.

Im Herbst 1988 kam «Die Rübe» Nummer 1 in den Handel. Volker Kriegel, der wunderbare Jazzgitarrist und noch phänomenalere Zeichner, fertigte dazu eine geniale Covervignette. Sie zeigte drei Köche: Der eine hatte eine Karotte als Kopf, der zweite glänzte mit einer Rübennase, dem Mittleren ragte ein Karöttchen aus der Hose. Die Zeichnung war programmatisch, denn Komik durchzog alle Seiten dieses Buchs. Eine Zeitlang erschien jedes Jahr eine neue «Rübe» mit Beiträgen von literarischen Textkünstlern und Zeichnungen von Weltmeistern wie Robert Gernhardt, Hans Traxler, Nikolaus Heidelbach und Tatjana Hauptmann.

Unvergesslich ist ein Rübenrezept von Joseph von Westphalen, das ich nie nachgekocht habe, weil es beim Lesen wohl mehr Vergnügen bereitet als beim Essen. Es kommt vor im Text «Knoblauch alla ducquesa». Darin stehen so stringente Sätze wie: «Knoblauch ist in Mode, weil sein Geschmack an den Mittelmeerurlaub denken lässt, an ein langes Leben, an die ausgestorbene Gattung der Proletarier, der man sich verbunden fühlt, und daran schließlich, dass wir alle Gastarbeiter sind auf Erden.»

Westphalen beschreibt eine alte Gräfin, die beim Kochen eines Spaghettigerichts die Knoblauchpresse nicht findet, und das ausgerechnet bei einem Rezept, das sehr viel Knoblauch erfordert. Was macht in solchen Fällen der Hochadel, der seit Jahrhunderten in unbeheizten Schlössern haust und deshalb die Überlebenskunst beherrscht? Die Ducquesa stopft sich die säuberlich geschälten Knoblauchzehen in den zahnmaroden Mund und kaut das scharfe Zeug zu einer homogenen Masse. Ist alles gut zerkleinert und gut eingespeichelt, wird die Ladung mittig in die «Spaghetti aglio e olio» gespien, untergerührt und mit Grandezza aufgetragen.

Das Programm von Haffmans machte zumindest in den ersten Jahren Furore, doch leider hatte der Verlag von Anfang an zu wenig Geld und legte so viele Bücher auf, dass er nicht mehr die Kraft besaß, diese auch richtig zu bewirtschaften. Im Jahr 2001 kam der Konkurs. Mit der «Rübe» war schon vorher Schluss, und mir wurde zeitgleich immer klarer, dass ich meine gastronomischen Ziele anderswo als in Schwäbisch-Gmünd zu verwirklichen versuchen musste.

Genussfreudige Stuttgarter kurvten jahrelang fröhlich in die Ostalb, sodass der «Postillion» von ihnen leben konnte, nur sank die Promillegrenze immer tiefer und wurde immer strenger überwacht. Die Stuttgarter, so schwante mir, würden bald ausbleiben. Nach dem alten Unternehmer-Motto: «Wenn der Kunde nicht mehr zu dir kommt, musst du zum Kunden gehen», beschlossen meine Frau und ich, nach Stuttgart zu ziehen. Die Gmünder warnten uns: «Was, nach Schturgart gohsch, in diese pietistische Grube? Dort geh'n die Leute zum Lachen in den Keller!»

Des einen Grube ist jedoch des anderen Topf. Für mich hat sich das zwischen Hügeln liegende Stuttgart als ein Topf erwiesen, aus dem ich alles schöpfen kann, was ich zu einem erfüllten Leben brauche. Am Hang der Stadt liegt das Restaurant «Wielandshöhe», dort koche ich nun seit 1991 in

Höhenlage. Das und die tiefe Freundschaft mit dem Satiriker und Dichter Wiglaf Droste, mit dem ich nun schon zehn Jahre die Zeitschrift «Häuptling Eigener Herd» herausgebe, erlaubt mir, als kritischer Genießer über den Topfrand zu blicken und Ausschau zu halten nach anderem als nach Einheitsbrei.

Dank

an alle, die mich in der Zeit des Schreibens ertragen haben, meine Kollegen beim Fernsehen, in der «Wielandshöhe» und besonders meine Frau Elisabeth, der ich dieses Buch widme.

Besonderen Dank an den nachsichtigen Lektor Christof Blome und die Chefin Barbara Laugwitz vom Rowohlt Verlag und meinen Freund Tommy Bodmer in Zürich, der mich im Durcheinander der Buchstaben tapfer unterstützt hat und mich auch zusammenstauchte, als ich die Übersicht verlor oder ganz schlappmachen wollte.

Inhalt

Vorspiel 7

Landluft 9

Vom Segen der Vertriebenen 18

Hausschlachtung 23

Jede Ablenkung vom Nützlichem ist des Teufels 33

Die einbeinige Gans 42

Ohne Hirn kein Schmack 54

Hinter Klostermauern 59

Horizonterweiterungen 72

Endlich Koch 81

Köchlein auf Reisen 93

Kellnerlatein 106

Bürger in Uniform oder Held der Nation 114

Beim badischen Küchengott 128

Abfälle 139

Irres München 144

Ein Papagei grüßt 153

Black Cooking Mafia 164

Postillion 170

Nouvelle Cuisine 179

Im Keller von Paul Bocuse 185

Alain Chapel 191

Michelinstern 197

Investieren in den eigenen Bauch 205

Mehr als Essen und Trinken. 214

Dank 221

10 Jahre HÄUPTLING EIGENER HERD
Wir schnallen den Gürtel weiter

Die literarisch-kulinarische Zeitschrift wird von
Vincent Klink und Wiglaf Droste herausgegeben.
Erscheint viermal im Jahr.
www.haeuptling-eigener-herd.de

Das Lebensmittel für Hirn und Wampe

Die Frankfurter Rundschau schreibt: «Der literarische Kampf von HÄUPTLING EIGENER HERD um die Hegemonie in der Pfanne wendet sich gegen Nahrungsmittelindustrie und alles Geschmacklose, aber auch gegen die Ernährungs-Eiferer etwa in der Medizin, die irgendwelche Vorschriften für Wasser und Wein ausrufen – ohne jede vernünftige Begründung. Wir ahnen, dass Literat Wiglaf Droste und sein Herausgeberkollege, der Koch Vincent Klink, kaum Freunde in der Lebensmittel-Szene haben.»

Einzelheft 14,90 € + Versand · Jahresabo 54,– € incl. Versand
Bestellungen bitte an:
BuchGourmet, Herrn Dieter K. Eckel
Hohenzollernring 16–18, 50672 Köln
Telefon (0221) 2 57 40 72, Telefax (0221) 25 53 05
E-Mail: shop@buchgourmet.com
www. buchgourmet.com